www.tredition.de

AF185652

Udo Littmann

Der moderne Marketing-Mix
Ihr 10-Punkte-Programm zum Umsatz steigern

www.tredition.de

© 2020 Udo Littmann

Verlag und Druck: tredition GmbH, Halenreie 40-44, 22359 Hamburg

ISBN
Paperback: 978-3-7497-9111-8
Hardcover: 978-3-7497-9112-5
e-Book: 978-3-7497-9113-2

Bildquellen
Fotos: Pixabay
Abbildung, Seite 85:   Bertelsmann-Stiftung
Andere Abbildungen: Autor

(diese Seite ist absichtlich fast leer geblieben)

1. Einleitung

Inhaber und Geschäftsführung von Unternehmen stehen immer unter Druck, die vielfältigen gesetzlichen, sozialen, technischen und wirtschaftlichen Anforderungen zu bewältigen. Sie müssen **zwei wesentliche Unternehmensprozesse** beherrschen:

- Die **operative** Durchführung des bestehenden Geschäfts und
- die **strategische** Generierung von Neugeschäft.

Oft wird im operativen Alltagsstress die strategische Arbeit vernachlässigt. Verbesserte Produkte von Marktbegleitern oder technologische Umbrüche bedrohen das eigene Unternehmen. In kleinen und mittelständischen Unternehmen (KMU) sind die in Abbildung 1 gezeigten Engpässe an Know-How, Geld und Zeit besonders schmerzhaft. Es ist wichtig, knappe Ressourcen konzentriert einzusetzen, um mit einfachen Mitteln auch den strategischen Prozess zu beherrschen.

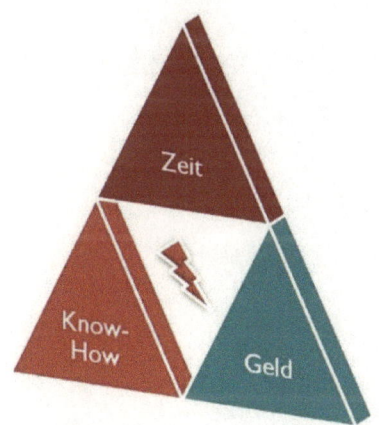

Abbildung 1: Stets knappe Ressourcen

Dieses Buch lässt Sie schnell die passenden Stellschrauben im Marketing-Mix finden, um mit konzentriertem Ressourceneinsatz auch den strategischen Unternehmensprozess und damit die Zukunft Ihres Unternehmens zu sichern.

Entstanden ist dieses Buch auf Basis der akademischen Ausbildung des Autors, seiner Begeisterung und Kreativität für Umsatzwachstum sowie zwei Jahrzehnten praktischer Erfahrungen:

In Kapitel 2 sind zunächst die Grundlagen des Marketing-Mix für das 10-Punkte-Programm vorgestellt: Der moderne Marketing-Mix mit fünf C. Kapitel 3 führt in praktischer Anwendung ein Mal durch die fünf C, Kapitel 4 vor dem Hintergrund der Digitalisierung erneut durch die fünf C.

Die Zusammenhänge zwischen Marketing, Innovationsmanagement und Unternehmenserfolg sind in Kapitel 5 beschrieben. Die hierin enthaltenen fünf Schritte sind Teil des 10-Punkte-Programms und können auch losgelöst von den Kapiteln 3 und 4 bearbeitet werden.

2. Alle Macht geht vom Kunden aus

2.1 Wichtiger denn je - Das hohe C der AIDA

Vielleicht kennen Sie schon die Begriffe „Customer Journey" (CJ) oder „Customer Experience" (CX) oder die Abkürzung AIDA aus dem Marketing des letzten Jahrhunderts. Wahrscheinlich kennen Sie noch nicht das hohe C der AIDA und dessen steigende Bedeutung in unserer zunehmend digitalisierten Welt.

Die Customer Journey beschreibt den typischen Entscheidungsprozess von Käufern und seine „Touchpoints" (Kontaktpunkte) zu Lieferanten. Die weit bekannte AIDA beschreibt, wie eine einzelne Werbebotschaft gestaltet sein soll ebenso wie das Marketing Kunden während der CJ begleitet:

- **A**ttention (Aufmerksamkeit): Zunächst muss man potenziellen Kunden bekannt sein.
- **I**nterest (Interesse): Man muss potenziellen Kunden einen wie immer gearteten Nutzen anbieten, um in Erinnerung zu bleiben.
- **D**esire (Bedürfnis): Verstärkt sich das bisher vielleicht diffuse Bedürfnis des potenziellen Kunden, muss man zum kleineren Kreis seiner enger werdenden Auswahl gehören.
- **A**ction (Aktion): Mit der gezielten Kaufaktion wird der bisher potenzielle Kunde zum Käufer.

Und was bedeutet das hohe C der AIDA?

Es handelt sich um die „Confirmation" (Bestätigung), die dem Kunden das gute Gefühl gibt, sich richtig entschieden zu haben, die positive Kauferfahrung (CX). Bisher diente die Bestätigung vor allem der Kundenbindung. Im Zeitalter der Digitalisierung bedeutet sie aber auch, dass der Käufer ebenso seinen Lieferanten bestätigen möge, durch Verbreitung seiner positiven CX an Dritte. Der Kunde wird zum Multiplikator und der Kreislauf des erneuten Kaufes schließt sich nicht nur, sondern vervielfacht sich idealerweise.

Daher ist es heute wichtiger denn je, den Kunden in den Mittelpunkt des eigenen Denkens und Handelns zu rücken, ihn rundum zufrieden zu stellen. Customer Journey und Customer Experience sind nur neue Begriffe, keine neuen Erfindungen.

2.2 Wann ist welches der P im Marketing-Mix besonders wichtig?

Die vier P des Marketing-Mix kennen Sie vielleicht schon: Promotion, Product, Place, Price. Mit diesen Mitteln begleitet das Marketing die CJ und macht sie zur positiven Erfahrung.

AIDA ist eine ebenfalls frühe Bezeichnung für vier typische Schritte der CJ.

Ist es Zufall, dass die CJ in vier Schritte unterteilt ist und es ebenfalls vier typische Instrumente des Marketing-Mix gibt?

Um im Geschäftsalltag den richtigen Fokus zu haben, ist eine Zuordnung möglich und sinnvoll:

- **Attention** (Aufmerksamkeit): Um die Aufmerksamkeit potenzieller Kunden zu gewinnen, müssen Sie zunächst irgendwie wahrgenommen, sichtbar werden. Der Schwerpunkt im Marketing liegt auf umfangreicher, doch zielgerichteter **Promotion**.
- **Interest** (Interesse): Damit Sie als interessant wahrgenommen werden, muss sich Ihr Angebot positiv von Anderen abheben. Ihr Angebot muss zusätzlichen Kundennutzen bieten. Das Marketing muss das **Produkt** entsprechend attraktiv gestalten.
- **Desire** (Bedürfnis): Verstärkt sich das bisher vielleicht eher diffuse Bedürfnis des potenziellen Kunden, muss er an jedem Platz, wo er nach weiteren Informationen sucht, fündig werden, damit Sie im Kreis seiner engeren Auswahl bleiben. **Place** im Marketing-Mix steht im Fokus.
- **Action** (Aktion): Bei der Aktion, dem eigentlichen Kaufakt, wägt ein potenzieller Kunde letztmals den Nutzen aller Produkte seiner engeren Auswahl mit den dafür zu zahlenden Preisen ab. Hier muss das Marketing den zum Ort, Zeitpunkt und Kunden passenden **Preis** festgelegt haben.

Und das hohe C, die Confirmation?

Der vom Kunden empfundene Produktnutzen muss ebenso positiv empfunden werden wie der gesamte Kaufprozess und Kontakte mit dem gewählten Lieferanten. Je vergleichbarer Nutzen und Preise sind, umso wichtiger ist es, sich als Lieferant über vom eigentlichen Produkt los gelöste Services positiv zu unterscheiden. Der Marketing-Mix wurde hierfür um drei P erweitert: Processes, People und Proof.

Vor allem die nach außen wirkenden Prozesse mit direktem Kundenkontakt müssen für den Kunden reibungslos funktionieren. Hierzu bedarf es mehr denn je „People" (Menschen) mit der entsprechenden Fachkenntnis und Kundenorientierung. Und bei einem Service ohne direkt sichtbarem Ergebnis bedarf es eines „Proof" (Beweis), wenn der Service erbracht worden ist.

Schafft man so für Kunden eine positive Bestätigung, die CX, wird er gerne treu bleiben und bestenfalls seine positive Erfahrung mit Dritten teilen.

Dialog durch Digitalisierung

Wie weit haben Sie pozentielle Kunden in Ihre Marketing Kommunikation oder in Ihre Produktentwicklung involviert? Dank Digitalisierung entstehen Dialoge, zahlreiche, gleichzeitig. Das verändert den Marketing-Mix. Käufer können und wollen zur Entwicklung ihrer Produkte beitragen und sie kaufen, wann und wo es ihnen beliebt.

Käufer teilen sehr viel einfacher ihre Customer Experience (CX) nach dem Kaufprozess mit Anderen. Der Marketing-Mix ändert sich von den bekannten vier P zu vier C:

- **Content**: Marketing Kommunikation verläuft nicht mehr nur zentral vom Verkäufer in den Käufermarkt, sondern dezentral zwischen allen Marktteilnehmern. Dafür müssen Inhalte bereitgestellt werden. Sie müssen einladen zum Kommentieren und Teilen.
- **Co-Creation**: Viele Menschen haben viele gute Ideen. Innovationen können nicht nur in einem kleinen Kreis hinter verschlossenen Türen stattfinden. Für innovative Produkte müssen externe Partner einbezogen werden. Diese wollen zur Mitarbeit motiviert und die gemeinsam entwickelten Ideen geschützt werden.
- **Channels**: Käufer wollen sich überall informieren und das ausgewählte Produkt zum gewünschten Zeitpunkt am gewünschten Ort kaufen können. Content und Produkt müssen in allen Kanälen (Channels) omnipräsent sein, egal ob direkt vom Hersteller, über Händler, im eigenen Online-Shop oder auf bekannten Marktplätzen im Internet.
- **Currency**: Jährliche Preislisten sind Vergangenheit. Käufer erwarten individuelle Preise zum Zeitpunkt ihres Kaufes. Um Käufer zu überzeugen, werden Preise individuell und zeitlich so dynamisch angepasst wie Währungswechselkurse.

Das Konzept von vier C des digitalen Marketings kenne ich vom amerikanischen Professor Kotler, der auch maßgeblich die vier P des klassischen Marketings (mit) entwickelt hat. Ich habe sein Konzept nach meinen praktischen Erfahrungen um ein fünftes C ergänzt, das in der Customer Journey der AIDA dem hohen C entspricht.

Digitaler Dialog in der Community

In einer Community findet echter Dialog mit Marktteilnehmern statt. Der weiter entwickelte Content wird entsprechend der CX kommentiert und bewertet. Dies erfordert Re-
aktionen vom Verkäufer. Dann beginnt der Dialog, die Kommunikation multipliziert sich und macht noch mehr potenzielle Käufer aufmerksam. Aufmerksamkeit und Umsatz steigen.

Abbildung 2: Der digitalisierte Marketing-Mix

3. Erst das Fundament stärken

Mit dem richtigen Marketing-Mix richten Sie Ihr Unternehmen erfolgreich am Markt aus. Mit fünf aufeinander aufbauenden Fragen lässt sich der für die individuelle Situation passende Fokus im Marketing-Mix finden für sicheres Umsatzwachstum.

In die Entwicklung dieses Konzeptes in Abbildung 3 sind 20 Jahre Industrieerfahrung eingeflossen. Der klassische Marketing-Mix wurde wie in Kapitel 2 beschrieben modernisiert und erweitert auf fünf C. Entlang des Entscheidungsprozesses potenzieller Kunden, der Customer Journey, werden Schwerpunkte im Marketing-Mix gesetzt. Der Marketing-Mix wird von Community bis Currency duchgearbeitet.

Abbildung 3: Mit fünf Fragen entlang der Customer Journey zum besten Marketing-Mix

3.1 Community - Wie hoch ist der Anteil Ihrer wiederkehrenden Kunden?

Als Erstes geht es um Kundenbindung, für den Kreislauf des wiederkehrenden Kunden. Bekanntlich ist es aufwändiger, neue Kunden zu gewinnen als bestehende Kunden zu binden. Und in Zeiten der Digitalisierung geht es immer mehr um den weiterempfehlenden Kunden.

Ist Ihr Anteil treuer Stammkunden hoch, haben Sie wenig Wachstumspotential durch verstärkte Kundenbindung. Springen Sie zu Kapitel 3.2.

Wie erleben Ihre Kunden Sie?

Bleiben Ihnen wenige Kunden treu, überprüfen und verbessern Sie die Erfahrung, die Ihre Kunden mit Ihnen machen ("**Customer Experience**" = CX). Entweder stimmt an den Kontaktpunkten während des Kaufprozesses ("**Customer Journey**" = CJ) etwas nicht oder Sie verbessern Ihre Kundenbindung durch After-Sales-Service oder Pflege einer Community.

Versetzen Sie sich in Ihre Kunden, indem Sie einige ausführliche Profile (sog. "**Personas**") realer oder idealer Kunden schriftlich festhalten. Was haben diese für familiäre Hintergründe, private oder berufliche Sorgen sowie welche Vorteile durch Ihr Angebot? Dann stellen Sie anhand dieser Profile deren jeweilige CJ mit Ihrem Unternehmen dar.

Typische Kontaktpunkte während der CJ sind Vertriebsdokumente wie Kataloge, Produktberatungen, Auftragsabwicklung, Lieferung und Rechnungslegung. Hier können Sie sich neben Geschwindigkeit und Zuverlässigkeit positiv hervorheben z.B. durch:

- "Design In", d.h., das für die Kundenanforderung am besten geeignete Produkt zu finden,
- Produktdemonstrationen oder Fallstudien als Beleg, die Kundenanforderungen zu erfüllen,
- Kundenspezifische Muster,
- Kontakte zu Referenzen,
- Kundenindividuelle Preise oder Verpackungen,
- Wissensvermittlung durch Workshops oder Trainings oder
- Wirtschaftlichkeitsbetrachtung des angebotenen Produkts in der kundenspezifischen Anwendung.

Im Rahmen zumindest einer **SWOT**-Analyse oder besser in ausführlicheren Workshops identifizieren Sie Ihre Kontaktpunkte:

- Wie wertvoll sind während der Meinungsbildung potenzieller Kunden die Inhalte, wie Kataloge, Produktberatungen, Demonstrationen, Muster oder Referenzen, die sie erhalten?
- Erhalten potenzielle Kunden in der Entscheidungsphase Informationen an den von ihnen gewünschten Orten, z.B. bei Händlern, im Internet oder durch persönliche Trainings?
- Funktionieren nach Kaufentscheidung Ihre Auftragsabwicklung, Lieferung und Rechnungslegung für den Kunden reibungslos?
- Binden Sie Ihre Kunden durch „After Sales Service" wie Wartungs- oder sonstige Serviceverträge. So bleiben Sie regelmäßig in Kontakt und haben immer wieder Gelegenheit, den Kunden zufrieden zu stellen.

- Bestätigen Sie Ihre Kunden nach dem Kauf in ihrer Entscheidung durch Kundenzufriedenheitsbefragung oder ergänzende Services?

Ihre Erkenntnisse stellen Sie in einem Geschäftsmodell wie einem **Business Model Canvas** dar, um weitere Erkenntnisse über zusätzlichen Kundennutzen zu gewinnen, den Sie gemäß Ihrer Stärken aus der vorangegangenen SWOT Analyse bieten.

Wie binden Sie Ihre Kunden?

Wenn Sie eine positive Kundenerfahrung bieten, können Sie Ihre Kunden wie in Abbildung 4 auf vier Arten an sich binden:

1. Ökonomische Kundenbindung,
2. Vertragliche Kundenbindung,
3. Technische Kundenbindung und
4. Emotionale Kundenbindung.

Ihr Aufwand, aber auch die Intensität der Bindung nehmen zu, von der ökonomischen bis zur emotionalen Kundenbindung.

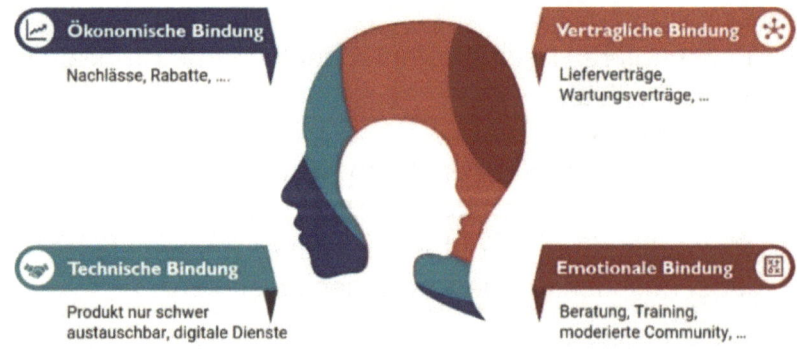

Abbildung 4: Vier Arten von Kundenbindung

Bei der ökonomischen Kundenbindung erkaufen Sie sich eine begrenzte Kundenloyalität durch Preisnachlässe. Sie können in manchen Branchen Verträge mit Ihren Kunden schließen und sie so an sich binden. Sie können Ihr Produkt technisch einmalig gestalten, so dass Ihre Kunden nicht ohne hohen Wechselaufwand von Ihren Produkten weg <u>können</u>. Dies ist bei Software oft einfacher machbar. Oder Sie bieten eine solch starke Marke, dass Ihre Kunden nicht von Ihnen weg <u>wollen</u>.

Tipps:

- Versetzen Sie sich mit Personas in Ihre Kunden.
- Stellen Sie eine reibungslose Customer Journey sicher.
- Analysieren Sie Ihr Geschäft mit einer SWOT Analyse.
- Analysieren Sie Ihr Geschäftsmodell mit einem Business Model Canvas.
- Binden Sie Ihre Kunden emotional mit Ihrer starken Marke.
- Gründen Sie eine eigene Community für Ihre Kunden.

3.2 Content - Wie hoch ist Ihr Bekanntheitsgrad?

Wenn Sie eine hohe Bekanntheit und einen ähnlich hohen Marktanteil haben, haben Sie wenig Wachstumspotential durch verstärkte Marketing Kommunikation. Springen Sie zu Kapitel 3.3.

Sind Sie bekannt und dennoch kauft kaum jemand bei Ihnen (=geringer Marktanteil)? Selbst falls Sie noch treue Stammkunden haben, sind diese vielleicht nur noch bei Ihnen, weil Sie derzeit noch etwas Einmaliges zu bieten haben. Überprüfen und verbessern Sie Ihre Geschäftsstrategie, Geschäftsmodell, Prozesse und Angebot wie schon in Kapitel 3.1 ausgeführt.

Haben Sie einen geringen Bekanntheitsgrad und einen ähnlich geringen Marktanteil, können Sie durch eine Verstärkung Ihrer Marketing Kommunikation wachsen.

Kennen Sie Ihre Zielgruppe(n) genau. Was haben diese Menschen für Interessen, Sorgen und Nöte? Dies lässt sich gut über "**Personas**" ermitteln: Versetzen Sie sich in die Lage typischer Kunden (bei Business-to-Business nicht ganze Firmen, sondern einzelne Menschen!) in Ihren Zielgruppen und skizzieren Sie deren typischen Tag mit Aktivitäten, Interessen und Nöten, die Sie mit Ihrem Angebot bedienen bzw. lindern wollen.

Um Ihr Angebot zu beurteilen, führen Sie zumindest eine **SWOT**-Analyse durch. Prüfen Sie, welche Ihrer Stärken und Chancen zu Bedürfnissen Ihrer Personas passen. Diese geben Ihnen Ansatzpunkte für den Content Ihrer Marketing Kommunikation und Impulse für neue Entwicklungen.

Stellen Sie Entwicklungsideen in **Business Cases** auf den Prüfstand, in denen Sie den Entwicklungsaufwand und mögliche Erträge gegenüberstellen. Gehen Sie Ideen mit hohem Ertragspotential und geringem Aufwand sofort an. Verwerfen Sie Ideen mit hohem Aufwand und geringem Potential gleich wieder. Prüfen Sie bei anderen Ideen vor einer Umsetzung, wie Sie Ihren Aufwand verringern oder die Erträge erhöhen können.

Personas und SWOT sind auch eine gute Grundlage für Ihr **Business Model Canvas,** in dem Sie Ihr Geschäftsmodell auf Ihre Zielkunden ausrichten. Dem fertigen **Business Model Canvas** mit Ihren Zielkunden, Ihrem angebotenen Kundennutzen, Kundenkanälen und weiteren Angaben entnehmen Sie auch die wichtigen Inhalte und Kommunikationskanäle für Ihre Marketing Kommunikation, ob online oder offline.

Lead Generation im Sales Funnel

Bei **Lead Generation, Sales Funnel** oder **Sales Pipeline** geht es darum, proaktiv Kontakte (= Leads) zu erarbeiten und sie zu einer Zusammenarbeit zu qualifizieren. Die Qualifizierung von Kontakten auf Anbieterseite verläuft analog der Customer Journey auf Käuferseite.

Je weiter neue Kontakte qualifiziert werden, desto weiter verringert sich deren Anzahl. Mit der abnehmenden Anzahl an Kontakten im Zeitverlauf ergibt sich ein schmaler werdender Trichter (= **Funnel**) in Abbildung 5. Je mehr sich die Interessenten mit Ihnen und Ihrem Angebot auseinandergesetzt haben, desto qualifizierter, also erfolgversprechender ist der Kontakt. Kontakte knüpfen Sie z.B. durch:

- Anbieten von hochwertigen Informationen (= Content) wie Fallstudien oder Referenzen,
- Anmeldungen zu Newslettern,
- Rückmeldungen auf gedruckte Anzeigen oder E-Mail-Kampagnen,
- Online Veranstaltungen wie Webinare,
- Reale Veranstaltungen wie Messen oder
- Analyse der installierten Basis.

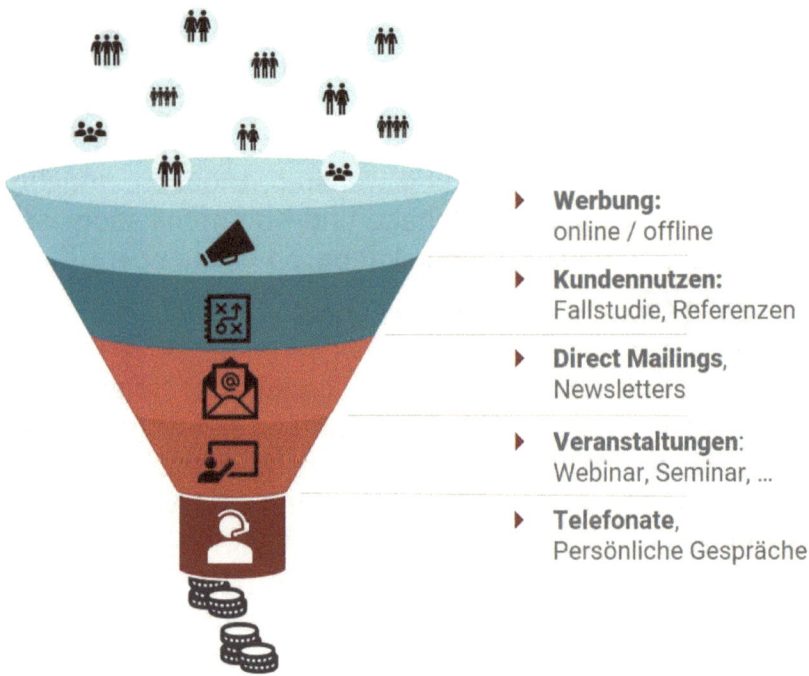

Abbildung 5: Im Sales Funnel Leads bis zum Umsatz führen

Suchen Sie nicht nach Kunden, lassen Sie sich gut finden.

Bei guter Planung und Umsetzung finden Ihre Zielkunden Sie gut und zeigen Interesse, indem sie in Ihr Ladengeschäft kommen oder Ihnen für besonders interessante Informationen ("**Content**") ihre Kontaktdaten geben. Diese kundenspezifischen Daten nutzen Sie, um Interessenten Schritt für Schritt weiter an Ihre Produkte heranzuführen bis es zu einem ersten Kauf kommt. Eine zu frühe persönliche Kontaktaufnahme durch Sie z.B. unmittelbar nach Anmeldung zu Ihrem Newsletter kann ebenso verschreckend auf Interessenten wirken wie eine Kaltakquise. Erst nach zwei, drei Kontakten vom selben Interessenten sollten Sie das persönliche Gespräch mit ihm suchen. Dann wird Ihr Interessent endlich zum Kunden.

Online oder klassisch Offline

Sehr viele Empfänger Ihrer Botschaften erreichen Sie durch klassische Massenmedien wie Fernsehen, Rundfunk oder (Fach-) Zeitschriften. Die Inhalte lassen sich in Form von gekauften Anzeigen selbst gestalten oder wie bei Pressearbeit nur dirigieren. Die gewünschte Zielgruppe lässt sich nur ungenau erreichen und die Kosten sind meist hoch.

Mit geringeren Kosten verbunden, viel zielgenauer und mit leicht messbaren Erfolgen sind Online-Methoden:

Auch hier können Sie Anzeigen kaufen, z.B. in Suchmaschinen (= **SEA**), in sozialen Netzwerken (= **Social Media**) oder auf anderen Internetseiten.

Nahezu kostenlos können Sie Inhalte als Texte, Videos oder Audiodateien zur Verfügung stellen: auf der eigenen Homepage, über Suchmaschinenoptimierung (= **SEO**) oder in sozialen Netzwerken. Bei Interesse leiten die Empfänger sie weiter und teilen sie. Die geringeren externen Kosten sind mit höherem Zeitaufwand verbunden, um hochwertige Inhalte zur Verfügung zu stellen. Die Empfänger überspringen reine Werbebotschaften, sie erwarten hilfreiche Informationen für ihre alltäglichen Bedürfnisse.

Mit hochwertigem Content werden Sie nicht nur leicht gefunden, sondern auch gut gefunden (= Likes).

Mit Ihrem Bekanntheitsgrad steigen Ihr Umsatz und Ihr Marktanteil.

Tipps:

- Versetzen Sie sich mit Personas in Ihre Kunden.
- Analysieren Sie Ihr Geschäft mit einer SWOT Analyse.
- Entwickeln Sie aus Ihren Stärken und Kundenbedürfnissen neue Ideen und prüfen diese in Business Cases.
- Analysieren Sie Ihr Geschäftsmodell mit einem Business Model Canvas.
- Nutzen Sie Ihre Kernkompetenzen für Content.
- Erstellen Sie einen Sales Funnel zur Qualifizierung von Leads zu Umsatz.

3.3 Co-Creation - Wie hoch ist der Umsatzanteil Ihrer neuen Produkte?

Besteht der Großteil Ihres Umsatzes aus jungen Produkten, ist Ihr Unternehmen wahrscheinlich ebenfalls noch jung und Ihre Innovationen müssen noch reifen. Sie haben wenig Wachstumspotential durch weitere junge Produkte. Springen Sie zu Kapitel 3.4.

Eine grobe Einschätzung Ihres Produktportfolios ist fast schon im Kopf möglich mit der klassischen "**Marktattraktivität-Marktwachstum-Matrix**":
Sie ist auch bekannt als BCG-Matrix der Boston Consulting Group oder McKinsey-Matrix der gleichnamigen Unternehmensberatung. Unterteilen Sie Ihr Produktportfolio in zusammengehörige Produktgruppen, mit denen Sie bestimmte Märkte oder Zielgruppen bedienen. Je nachdem, wie schnell diese Märkte oder Zielgruppen wachsen (Marktwachstum) und wie bedeutend Ihre eigene Position (Marktattraktivität) in diesem Markt ist, ergeben sich unterschiedliche Schlussfolgerungen für Ihre Produktgruppen.

Besonders kritisch betrachten Sie wenig wettbewerbsfähige Produktgruppen in kaum oder gar nicht wachsenden Märkten. Haben diese eine strategische Bedeutung z.B. als Türöffner für andere lukrative Produktgruppen? Falls nicht, sollten Sie sie aufgeben und sich auf neue, lukrative Geschäfte fokussieren.

Analyse des Produktlebenszyklus

Hat diese erste Analyse der Marktattraktivität und des Marktwachstums schon Ansatzpunkte für lukratives Wachstum gebracht? Falls noch nicht ausreichend, analysieren Sie Ihre Produktgruppen auf ihren Produktlebenszyklus. Bei genauer Betrachtung der Wachstumsrate lässt sich noch besser erkennen, welche Produktgruppen weiteren Anschub Wert sind und welche ihren Höhepunkt überschritten haben. Machen Sie diese Analyse nicht regelmäßig oder frühzeitig gemacht, kann Umsatz überraschend wegbrechen. Dann veralten Produkte unbemerkt, ohne dass neue, wettbewerbsfähige Produkte zur Verfügung stehen.

Machen Sie den überwiegenden Teil Ihres Umsatzes mit alten Produkten, wird es allerhöchste Zeit, Innovationen für neue Produkte anzustoßen.

Innovationsmanagement

Nachfrage, Machbarkeit und Wirtschaftlichkeit sind essenziell für Innovationen mit wirtschaftlichem Erfolg:

- Es muss **Interessenten** am geplanten Nutzen geben.
- Der Nutzen muss **technisch machbar** sein.
- Der Nutzen muss **gewinnbringend** zu erbringen sein, sein Kundenwert also höher als Ihre Erstellungskosten.

Viele geniale Ideen von erfahrenen Technikern und Ingenieuren sind nicht zu Innovationen geworden, weil es keine Interessenten für den gebotenen Nutzen gab.

Anfragen einzelner Kunden führen oft nicht zu Innovationen, weil sie technisch schwer machbar sind und/oder ihre Erfüllung in zu geringen Stückzahlen nicht gewinnbringend ist.

Im Innovationsmanagement gibt es **Produktinnovationen**, bei denen das eigene Produkt oder die eigene Dienstleistung externen Kunden Nutzen bringt, **Prozessinnovationen**, um die eigenen Produkte oder Dienstleistungen effizienter zu erbringen, sowie **Geschäftsmodellinnovationen**, die auch neue Organisationsformen benötigen.

Abbildung 6: Die grundlegenden vier Schritte im Innovationsmanagement

Innovationsmanagement besteht gemäß Abbildung 6 aus

1. einer umfangreichen Sammlung von **Ideen**, die
2. klassischerweise zunächst **wirtschaftlich priorisiert** werden. Nach der Priorisierung beginnt für die interessantesten Ideen
3. die generelle Suche nach **technischen Lösungen** in Spezifikationen und Konzepten.
4. Die eigentliche **Entwicklung** führt über Prototypen und eventuelle Vorserienmuster zum Produktionsstart und damit zum Ende des Entwicklungsprojektes und des Innovationszyklus.

Zur Ideenfindung gibt es **interne Informationsquellen** wie eigene Daten (z.B. Verkaufszahlen oder Deckungsbeitragsanalysen), Techniker oder die Geschäftsleitung ebenso wie **externe Informationsquellen** wie Kunden, Geschäftspartner, Lieferanten oder Marktanalysen. In Workshops oder Dokumenten trägt man sie zusammen und sammelt sie. Wichtig ist eine dauerhaft offene Kultur, um alle Ideen, auch zunächst weniger gut Erscheinende zu sammeln.

Zur Priorisierung der Ideen stellt man klassischerweise kaufmännische Aspekte wie Investitionen und erhoffte Erlöse in **Business Cases** gegenüber. Auch führen mitunter fachlich gemischte Expertengruppen allgemeinere **Bewertungen** durch.

Werden Ideen nach wirtschaftlicher Betrachtung zur Entwicklung freigegeben, verläuft das klassische Projektmanagement in mehreren Phasen bis zum jeweils nächsten Meilenstein, an dem der Projektstand besprochen und ggf. die nächste Phase freigegeben wird:

Typisch ist zunächst die theoretische Analyse der technischen Machbarkeit mit einem **Konzept**, das freigegeben wird. Es folgt ein **Prototyp** bei einer Produktinnovation bzw. ein "**Proof of Concept**" bei einer Prozess- oder Geschäftsmodellinnovation, um die technische Umsetzung in der Praxis zu belegen. Später folgen meist die Freigabe des geplanten **Herstellungsprozesses** sowie als dessen praktischer Beleg **Vorserienmuster**, bevor es zum Produktionsstart und zur **Markteinführung** kommt. In der Praxis gibt es typischerweise vier bis sechs solcher Meilensteine, bei denen jeweils die Ressourcen für die nächste Phase freigegeben werden. Dieses klassische Projektmanagement ist in der Bauindustrie entstanden, in der das Projektziel wie ein Haus oder eine Brücke vorab detailliert geplant ist und auch der Weg dorthin aufgrund umfangreicher Erfahrung klar ist. (Es sei denn, es handelt sich um eine Großbaustelle wie einen Flughafen und Bauauflagen verändern sich schneller als der Baufortschritt...)

Auch heute bewährt sich das klassische Projektmanagement in der Entwicklung bei stabilen Rahmenbedingungen sowie verwendbaren Erfahrungen aus der Vergangenheit.

Der ideale Innovationsmanager ist ein Produktmanager

Produktmanager haben einen Überblick über viele Kunden und Märkte, kennen deren Bedürfnisse ebenso wie die internen Bedürfnisse nach Umsatz und Gewinn. Produktmanager verfügen über kaufmännisches Wissen, um Business Cases zu erstellen, und über technisches Wissen, um Lösungskonzepte zu bewerten. Sie dürfen nur nicht an "ihren" Produkten haften, sondern müssen sich stets auf die wirklichen Bedürfnisse des Zielmarktes konzentrieren.

Tipps:

- Analysieren Sie Ihre Absatzmärkte auf Wachstum und Attraktivität.
- Analysieren Sie Ihr Produktportfolio auf den Produktlebenszyklus, um alternde Produkte zu erkennen.
- Priorisieren Sie neue Entwicklungsideen und entwickeln Sie innovative, wirtschaftlich erfolgreiche Produkte.
- Kennen Sie die Bedürfnisse Ihrer Zielkunden mit Hilfe von Personas.
- Entwickeln Sie aus internen und externen Quellen neue Ideen und priorisieren diese mit Business Cases.

3.4   Channels - Wie hoch ist der Umsatzanteil Ihrer größten Kunden?

Eine gesunde Mischung in der Kundenstruktur besteht, wenn etwa 10-20% Ihrer Kunden gut die Hälfte Ihres Umsatzes ausmachen. Dann haben Sie geringes Wachstumspotential durch Ausbau Ihrer Vertriebskanäle. Springen Sie zu Kapitel 3.5.

Haben Sie vielleicht nur ein Dutzend Kunden oder machen nur 3 Kunden fast die Hälfte Ihres Umsatzes aus, wird es gefährlich für Sie, falls Sie einen der Schlüsselkunden verlieren. Bauen Sie zusätzliche Schlüsselkunden auf oder gewinnen Sie Neukunden und Marktanteile ggf. in neuen Märkten. Ihre Stärken gemäß einer SWOT Analyse geben Ihnen Aufschluss, welchen Nutzen Sie Kunden ggf. auch in neuen Zielmärkten bieten.

Haben Sie kaum Kunden, die größer sind als Andere, können Sie im Alltag den Fokus verlieren. Bauen Sie die Beziehung zu vielversprechenden Kunden aus, indem Sie ihnen mehr Aufmerksamkeit und Nutzen bieten. Zusätzlicher Nutzen entsteht auch durch Services, die Ihre Produkte ergänzen und die Customer Experience verbessern. Vielleicht hilft es zusätzlich, wenig vielversprechende Kunden nicht mehr direkt zu bedienen, sondern über Dritte. Oder Sie verringern den Aufwand, solche Kunden zu bedienen.

Fokus auf Ihre überlebenswichtigen Schlüsselkunden

Steuern Sie, mit welchen Kunden Sie eng zusammenarbeiten, z.B. für Co-Creation neuer Produkte und Dienstleistungen, und welche Kunden Sie besser kosteneffizient über

Dritte beliefern. Für die notwendige Kundensegmentierung wird oft eine **ABC-Analyse** nach Umsätzen genutzt. Dabei sortiert man Kunden nach ihrer jeweiligen Umsatzgröße. Die wichtigere Kenngröße für den unternehmerischen Gewinn ist der Deckungsbeitrag Ihrer Kunden. Verwenden Sie besser eine ABC-Analyse nach Kundendeckungsbeitrag.

Die 10-20% Anzahl der Kunden, die über die Hälfte vom gesamten Deckungsbeitrag ausmachen dürften, klassifizieren Sie als A-Kunden und betreuen Sie direkt. Meist macht deutlich über die Hälfte der Kundenanzahl weniger als 20% Deckungsbeitrages aus. Diese sogenannten C-Kunden sollten Sie über effiziente Handelsplattformen und -Partner bedienen statt direkt. So halten Sie Ihren Deckungsbeitrag hoch. Die Gruppe dazwischen besteht aus B-Kunden, die Sie ebenfalls direkt betreuen sollten. Unter Ihnen befindet sich Potential für zukünftige A-Kunden.

Segmentieren Sie Ihre Kunden nicht nur nach **quantitativen Kriterien**, sondern auch nach **qualitativen Kriterien** wie Image, Zusammenarbeit mit Ihnen oder Know-How-Transfer. Das lässt sich zusammen mit einem qualitativen Kriterium gut in einer Matrix mit zwei Achsen darstellen. So ist leicht zu erkennen, wie groß und wie wichtig welche Ihrer Kunden sind.

Den Vertrieb von Produkten oder Dienstleistungen ist ebenso Online wie Offline möglich, z.B. Internet-Verkauf und klassisches Ladengeschäft. Bei beiden Kanälen ist direkter und indirekter Vertrieb möglich. Waren können auch über Handelsplattformen oder -Partner vertrieben werden.

Die Auswahl der geeigneten Kanäle hängt von Ihrer Unternehmensstrategie, Ihren Produkten und Dienstleistungen sowie vor allem von den Bedürfnissen Ihrer Zielkunden ab.

Viele Kunden informieren sich und kaufen nicht ausschließlich entweder offline, in der realen Welt, oder online im Internet. Sie wechseln ihre Informations- und Beschaffungswege auch innerhalb eines Kaufprozesses. So kann eine Internetrecherche zu einem Gespräch mit einem potenziellen Lieferanten führen, die Auftragserteilung aber unterwegs mobil vom Smartphone erfolgen.

Es gilt, Ihren Zielkunden Informationen und Waren auf allen vom Kunden gewünschten Kanälen zur Verfügung zu stellen:

- Online z.B. auf der eigenen Homepage und im eigenen Shop sowie in sozialen Netzwerken und auf Handelsplattformen.
- Offline in der realen Welt z.B. im persönlichen Kontakt, in eigenen Ladengeschäften, sowie bei Handelspartnern.

Internetpräsenz ist nicht Alles, aber ohne Internetpräsenz ist alles Nichts.

Wer vielleicht bewusst auf seine Unternehmenspräsenz im Internet verzichtet, weil die Auftragsbücher heute (zu) voll sind und unterstützende Menschen im eigenen Unternehmen knapp, braucht sich morgen nicht über (zu) leere Auftragsbücher zu wundern.

Internetpräsenz ist die Basis des digitalen Marketing. Neben kundenrelevanten Inhalten („**Content**") sind vor allem eine Anpassung der eigenen Homepage an mobile Endgeräte ("**responsive** Design") und verschlüsselte Datenübertragung mit **SSL** notwendig. Zwei technische Punkte, die heute fast jeder Host von Webseiten für kleinstes Geld anbietet und die mit geringstem Aufwand umsetzbar sind. Auch die Auswahl der geeigneten sozialen Medien als Channels gehört zu dieser Basis. Sie hängt ab von Ihren Zielgruppen (z.B. Privatpersonen oder Firmenangehörige) und dem Format Ihres Content (z.B. Text, Audio, Grafiken oder Video).

Wer die Bedeutung der eigenen Internetpräsenz nicht versteht, braucht über Big Data oder Blockchain nicht nachzudenken und sich auch nicht über fehlenden Breitbandanschluss zu beklagen.

Die eigene Internetpräsenz ist erst der erste Schritt, um im globalen, digitalen Wettbewerb zu bestehen und um die Chancen der Digitalisierung zum eigenen Vorteil zu nutzen, bevor es ein Anderer tut: z.B. mit Co-Creation, Multi-Channel-Vertrieb oder Preisoptimierung.

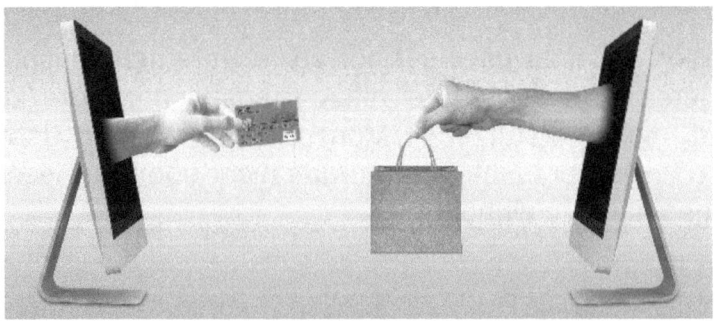

Viele Menschen informieren sich und kaufen nicht entweder offline in der realen Welt oder online im Internet, sondern sowohl als auch. Sie wechseln ihre Informations- und Beschaffungswege auch innerhalb eines Kaufprozesses: Z.B. führt eine Internetrecherche zu einem persönlichen Gespräch mit einem Verkäufer und die Auftragserteilung erfolgt mobil vom Smartphone. Kunden tauschen gelieferte Ware offline im Ladengeschäft um, wo sie gleich per Push-Nachricht auf das Smartphone neue Angebote erhalten.

Bisher bietet in Deutschland erst jedes vierte Unternehmen eCommerce über EDI Schnittstelle oder einen Online-Shop. Voraussetzung hierfür sind bekannte Bedürfnisse von Kunden und Anwendern sowie gepflegte Produktdaten im Produktlebenszyklus Management. Für den eigenen Online-Shop sind außerdem zahlreiche, hoffentlich gute Bewertungen sowie ein einfacher Check-Out beim Kauf wichtig.

Tipps:

- Erstellen Sie eine ABC-Analyse Ihrer Kunden nach Deckungsbeitrag.
- Segmentieren Sie Ihre Kunden auch nach qualitativen Kriterien.
- Entwickeln Sie bei Bedarf mit Ihren vorhandenen Stärken neue Märkte mit ähnlichen Bedürfnissen.
- Verbessern Sie die Customer Experience durch zusätzlichen Nutzen Ihrer Produkte oder ergänzende Services.
- Bedienen Sie Ihre Zielkunden auf allen Kanälen, die diese nutzen.
- Bieten Sie eCommerce über EDI und einen eigenen Online-Shop.

3.5 Currency - Wie hat sich Ihr Deckungsbeitrag entwickelt?

Ihre Kosten steigen sicher ständig. Eingekauftes Material verteuert sich, Löhne und Gehälter steigen. Geben Sie diese Kostenerhöhungen durch Preiserhöhungen an Ihre Kunden weiter? Und planen Sie Preiserhöhungen nicht nur, sondern setzen Sie sie wirklich durch? Oft werden geplante Preiserhöhungen nicht in Gänze umgesetzt, weil sich Ausnahmen zur Regel finden. Letztlich fallen Preiserhöhungen oft geringer aus als geplant und Ihre Marge schmilzt dahin.

"Auf der anderen Seite ist das Gras viel grüner."

So denken Wettbewerber oft voneinander, weil der jeweils Andere sich anscheinend günstige Preise erlauben kann. Hinter den Kulissen merkt man, dass jedes Unternehmen mit Preis- und damit auch mit Kostendruck zu kämpfen hat. Erhält man einen lange erhofften Auftrag eines Kunden nicht und fragt nach dem Grund, nennt der Kunde zunächst meist den Preis. Oft schiebt er das Preisargument vor, um lange Diskussionen zu vermeiden. Schaffen Sie, in die Tiefe zu gehen und weiter zu fragen, kommen oft andere Gründe zum Vorschein: Vielleicht erschien der Preis zu teuer, weil die genauen Angebotsinhalte oder Vorteile nicht klar waren. Oder ein Wettbewerber hat aus internen Gründen den Vorzug erhalten.

Meist ist der Preis nicht kaufentscheidend, sondern kauferleichternd. Ein Kunde möchte seine Bedürfnisse gestillt bekommen und kauft, solange er den Preis nicht als zu hoch empfindet. Dazu müssen Sie als Anbieter wissen, welche genauen Bedürfnisse der Kunde hat, wie weit Ihr eigenes Angebot sie erfüllt und wie der vom Kunden empfundene Nutzen ist. Segmentieren Sie Kunden entsprechend ihrer Bedürfnisse, damit sie zu einem zu ihren Bedürfnissen passenden Preis kaufen.

Sie können Kunden auch entsprechend ihrer Attraktivität segmentieren und dann über unterschiedliche Vertriebskanäle bedienen. Hierfür legen Sie neben den Zielpreisen für die Kundensegmente auch Nachlässe für Vertriebskanäle (direkt vs. Indirekt) und evtl. darüber hinaus gehende individuelle Vergünstigungen fest.

Beachten Sie auch die oft höhere Preistransparenz bei Online-Käufen, stellen Sie Ihren Produktwert besonders gut dar und passen Ihre Preise häufig an den Markt an.

Wie legen Sie Ihre Preise fest?

Machen Sie sich ein Bild von Ihren Wettbewerbern und legen Ihre Preise etwa in die Mitte? Beaufschlagen Sie Ihre Kosten einfach entsprechend Ihrer Zielmarge? Typischerweise gibt es drei in Abbildung 7 aufgeführte Preisfindungsstrategien, die auch miteinander vermischt werden:

- **Wertbasiert:** Im besten Fall ist der Kundennutzen berechenbar, z.B. wenn die Wahrscheinlichkeit und Folgekosten eines Ausfalles berechenbar sind. Oft können Sie den Wert nur relativ zu anderen Produkten ermitteln, zu Eigenen wie zu Fremden. Bietet z.B. eine Farbvariante dem Kunden keinen Mehrwert, sollten Preise für alle Farbvarianten gleich sein. Besser, wenn Sie auch Preise von Wettbewerbsprodukten als Vergleichsbasis ermitteln. Dann sind Preisabweichungen über Unterschiede im Kundennutzen erklärbar. Differenzierungen im Kundennutzen nehmen den Preisdruck gegenüber "Billiganbietern".

- **Marktbasiert:** Im einfachsten Fall besteht hohe Preistransparenz und Sie legen Ihre Preise im gewünschten Bereich der Marktpreise fest. Zunehmende Transparenz erzeugt auch zunehmenden Preisdruck. Wer als Anbieter schneller seinen Preis an ein geändertes Umfeld anpasst, erleichtert dem Kunden die Auftragserteilung.

- **Kostenbasiert:** Oft plant, prüft und korrigiert man die Herstellkosten nur jährlich oder quartalsweise. Die Preise werden oft im selben Rhythmus festgelegt, indem man die Kosten mit der gewünschten Marge beaufschlagt. Rein kostenbasierte Preisfestlegung kann zu Komplikationen führen, wenn z.B. eine seltene Farbvariante höhere Kosten und damit höhere Preise hat. Für Kunden ist es oft nicht nachvollziehbar, wieso eine Farbe mehr oder weniger kostet als eine Andere.

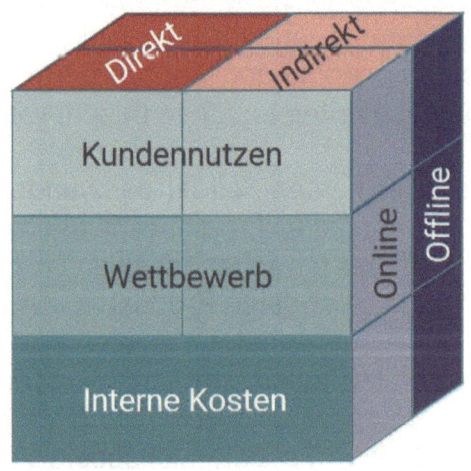

Abbildung 7: Drei Dimensionen zur Preisfindung

Wann ist welche Preispolitik angebracht?

Neben der Kundenstruktur ist auch der **Produktlebenszyklus** wichtig für die Preisgestaltung. Bei innovativen neuen Produkten akzeptieren erste Käufer auch höhere Preise. Je reifer die Produkte und der Markt sind, desto höher der Wettbewerbsdruck im Markt - desto höher aber meist auch Stückzahlen und damit Möglichkeiten zur Kostensenkung. Auch eine Analyse von Marktwachstum und Marktattraktivität, z.b. mit der BCG-Matrix ist ein einfaches Mittel für die Wahl der besten Preispolitik.

Typischerweise steht bei Preisen für neue Produkte meist die wertbasierte Methode im Vordergrund: Welches Problem hat Ihr Kunde und welchen Wert bietet Ihr Produkt zur Lösung seines Problems?

Mit zunehmender Reife von Produkt und Markt nimmt auch der Wettbewerbsdruck zu und Preise werden stärker marktbasiert festgelegt.

Zum Ende des Lebenszyklus, wenn Nachfrage und Wettbewerbsdruck nachlassen, ist es wichtig, die eigenen Kosten im Griff zu haben, um eher kostenbasiert den Preis lange hoch zu halten.

Wurden geplante Preiserhöhungen wirklich umgesetzt?

Eine Analyse der tatsächlich realisierten **Preisdurchsetzung** bringt Aufklärung. Auch eine regelmäßige Kundenrentabilitätsrechnung hilft, schrumpfende Margen frühzeitig zu erkennen. Wenn Sie großen Kunden oft Vergünstigungen einräumen, müssen Sie den Deckungsbeitrag unter Berücksichtigung der Fixkosten im Auge behalten.

Tipps:

- Versetzen Sie sich mit **Personas** in Ihre Kunden.
- Machen Sie eine **ABC-Analyse** Ihrer Kunden nach Deckungsbeitrag.
- Berücksichtigen Sie **Kundennutzen, Wettbewerbspreise, Kosten** und **Vertriebskanäle** bei Ihrer Preisgestaltung.
- Analysieren Sie Ihre **Preisdurchsetzung**.

4. Dann digital aufbauen

Digitales Marketing besteht aus mehr als z.B. aus Suchmaschinenoptimierung, Content, Marketing Automation oder Sales Funnel.

Die Digitalisierung des gesamten Marketing-Mix macht die Prozesse effizienter, senkt die Kosten und hilft, die Ressourcen effektiv auf die richtigen Zukunftsthemen für weiteres Wachstum zu konzentrieren.

Der Marketing-Mix wird von Content bis Currency digitalisiert. Dafür wird wie in Abbildung 8 zusammengefasst in den Köpfen der Menschen im eigenen Unternehmen begonnen, danach Externe einbezogen und abschließend das Angewandte vervielfacht und zuletzt beschleunigt.

Abbildung 8: In vier Schritten zum digitalen Marketing-Mix und weiterem Wachstum

4.1 Content - Verantwortung dezentralisieren

„Kultur isst Strategie zum Frühstück"

Diese Aussage von Peter Drucker verdeutlicht, dass Veränderungen im Unternehmen bei der Unternehmenskultur und damit bei der Geschäftsführung beginnen und vorgelebt werden müssen. Auch die Digitalisierung beginnt mit den Menschen im eigenen Unternehmen.

Eine der größten Veränderungen durch die Digitalisierung ist die Geschwindigkeit. **Digitalisierung ermöglicht und erfordert Geschwindigkeit.** Vielleicht erinnern Sie sich auch noch an die Veränderungen durch die Ablösung vom Briefverkehr durch Faxgeräte, später durch E-Mails und nun durch andere Medien.

Diese zunehmende Geschwindigkeit erfordert schnelle Entscheidungen in dezentralen, kleinen Unternehmensbereichen. Wegen der schieren Menge an Daten zur Entscheidungsfindung können sie nicht mehr zentral beschafft und Entscheidungen nicht mehr zentral getroffen werden. Entscheidungen bedürfen einem gewissen Grad an Informationen, die dezentral zur Verfügung stehen müssen.

Als wesentlichen ersten Schritt verändern Sie die Kommunikationskultur. Digitalisierung beginnt in den Köpfen der Menschen. Hierfür bedarf es Kommunikation. Früher war Unternehmenskommunikation hierarchisch von oben nach unten. Später wurde sie offener und zentral verwaltet. Zukünftig müssen alle Experten im Unternehmen gehört werden. Das bedeutet: alle Menschen im Unternehmen.

Was ist ein ESN?

Die naheliegende Lösung ähnelt den aus dem Web 2.0 entstandenen Sozialen Medien wie Facebook. Entsprechende Software für dezentrale Kommunikation und Zusammenarbeit in Unternehmen heißt **"Enterprise Social Network" (ESN)** oder "Social Intranet". Das weit verbreitete unternehmensinterne Intranet wird um den sozialen Aspekt ergänzt, die Kommunikation aller Menschen untereinander und Zusammenarbeit miteinander.

Warum ESN?

Ein ESN macht Kommunikation dezentral. Jeder hat die Möglichkeit, neue Themen und Diskussionen anzustoßen. Jeder kann gehört werden. Abstimmungen und Innovationen werden beschleunigt. Das involviert, motiviert und vor allem beschleunigt dezentrale Kommunikation viele Prozesse. Die Effekte sind:

- Etablierung einer Netzwerkkultur,
- **transparente Kommunikation** (hilfreich für „Content"),

- **Stärkung der Innovationskompetenz** (hilfreich für „Co-Creation"),
- **Kosteneinsparungen** sowie
- **gesteigerte Mitarbeitermotivation und -bindung.**

Was bietet ein ESN?

SCM und United Planet haben im Frühjahr 2018 über 110 Kommunikationsexperten im deutschsprachigen Raum befragt. Als wichtigste Funktionen eines ESN wurden genannt:

1. Redaktionelles Arbeiten für Informationen in einer zentralen Plattform
2. Mobile Verfügbarkeit
3. Dokumente gemeinsam bearbeiten
4. Digitalisierung von Arbeitsabläufen
5. Chatfunktion
6. Kommunikation und Zusammenarbeit mit Partnern

Eine ausführliche Internetrecherche im Jahr 2019 ergab 37 Software Werkzeuge, die sich als ESN, Social Intranet oder Social Collaboration bezeichnen. Diese sind auf www.ProduktMarketingBeratung.de/esn nach vier Kriterien bewertet:

1. **Kommunikation:**
   Basisfunktion eines Social Intranet, wozu zentrales, redaktionelles Arbeiten ebenso gehören, wie Chats, Videokonferenzen oder Bildschirm teilen.
2. **Wissensmanagement** (für Content und Co-Creation):
   Auf der Kommunikation aufbauende Funktionen wie Mitarbeiterprofile und Suchen.

3. **Zusammenarbeit** (für Co-Creation):
   Zum Beispiel Teamräume, Kalender und das Teilen von Dokumenten. Außerdem das gemeinsame Bearbeiten von Dokumenten und die Öffnung für Unternehmensexterne für die gemeinsame Arbeit.
4. **Workflow**:
   Die Möglichkeit, typische Mitarbeiterprozesse wie Urlaubs- oder Investitionsanträge digital festzulegen und zu bearbeiten.

Nur acht ESN ermöglichen auch die Digitalisierung von Arbeitsprozessen in einem Workflow. Weitere neun erfüllen zumindest die drei anderen wichtigen Funktionen eines ESN.

Der klare Gewinner im Vergleich ist Bitrix24. Dieses ESN bietet alle wichtigen Funktionen zu einem niedrigen Preis. Etwas eingeschränkte Funktionalitäten bieten drei etwas teurere ESN: Intrexx, Slack und Xelos Pro. Eine interessante Option kann auch MyHub sein. Es bietet keine Chatfunktion, ist dafür nach dem kostenlosen Workplace by Facebook das günstigste ESN.

Ein ESN ergänzt bzw. ersetzt hervorragend ein betriebliches Vorschlagwesen und gibt Anstoß für Innovationen. Es stärkt durch internen und externen Austausch sowie die Bündelung von Wissen die Innovationskompetenz. Es dient ebenso dazu, „Content" (=Inhalte) für die externe Kommunikation zu generieren.

Die technische Implementierung eines ESN ist einfach. Bei der Einführung besonders zu berücksichtigen sind die Menschen im Unternehmen, die noch keinen ständigen Zugriff auf Computer, Smartphone oder Tablet und damit auf digitale Medien haben.

Investieren Sie in Ihre Mitarbeiter:

„Was passiert wenn wir in unsere Mitarbeiter investieren und sie verlassen uns?" –
„Gegenfrage: Was passiert, wenn wir nicht in unsere Mitarbeiter investieren und sie bleiben?"

Tipps:

- Dezentralisieren Sie Verantwortung und dafür Ihre unternehmensinterne Kommunikation mit einem ESN.
- Die Einführung eines ESN erfordert hohen Aufwand zur kulturellen Veränderung und geringen technischen Aufwand.
- Es gibt eine große Auswahl an ESN für < 100 €/MA/Jahr

4.2 Co-Creation - Fokus auf Kundenbedürfnisse

Innovationen entstehen nicht, indem Sie einem einzigen Kunden seine maßgeschneiderte Lösung entwickeln. Sie entstehen auch nicht allein durch noch so geniale Ideen technischer Entwicklungsspezialisten. Jeder Produktmanager sollte wissen, dass erfolgreiche Innovationen die Bedürfnisse mehrerer Interessenten besser befriedigen müssen als vorhandene Alternativen.

Ein Enterprise Social Network, also eine "digitale Pinnwand", im vorangegangenen Schritt vereinfacht das innerbetriebliche Vorschlagswesen, stärkt die Innovationskompetenz und ist ein erster Schritt in Richtung "**Co-Creation**", gemeinsamer Produktentwicklung. Für "Co-Creation" müssen Sie die Bedürfnisse von Kunden und Anwendern erkennen und in Produktanforderungen übersetzen.

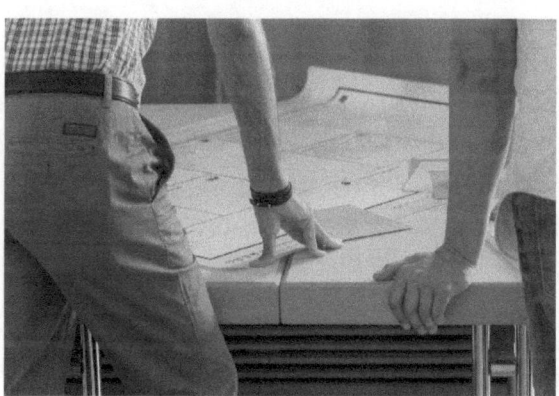

In diesem Schritt, binden Sie ausgewählte Kunden und Produktanwender in einen aktiven Dialog ein. Neue Produkte entwickeln Sie nicht mehr nur zusammen mit einem Leitkunden, sondern mit mehreren Kunden und Anwendern.

Was ist PLM?

Mit Produktlebenszyklusmanagement ("**Product Lifecycle Management**" = **PLM**) können Sie **die Produktentwicklung einfacher an Kundenbedürfnissen ausrichten,** Produktdaten zentral speichern sowie alle Produktinformationen sowie Produktveränderungen im Laufe des gesamten Produktlebenszyklus.

Das ähnliche Produktdatenmanagement ("**Product Data Management**" = **PDM**) konzentriert sich auf die zentrale Datenspeicherung, das verwandte Produktinformationsmanagement ("**Product Information Management**" = **PIM**) vereinfacht ergänzende Produktinformationen vor allem für Vertriebs- und Marketingzwecke. Beide unterstützen normalerweise weder eine geführte Datenerzeugung noch eine dokumentierte Datenveränderung. Dies sind Kernaufgaben von PLM.

Warum PLM?

PLM ist eine Maßnahme, die richtigen Produkte zu entwickeln und damit die Effektivität sowie den **Umsatz zu steigern**, sowie die Produktentwicklungs- und -verwaltungsprozesse effizient und schnell zu halten und damit **Kosten zu sparen**. Es bietet konkret z.B.:

* ein durchgängiges **Verständnis von Markt-/Kundenanforderungen** an Produkte,
* die Vermeidung von Inkonsistenzen in den Produktdaten,
* einen **schnellen und effizienten Zugriff** aller Involvierten sowie
* ein dokumentiertes Änderungsmanagement.

Welche Funktionen bietet PLM?

- **Anforderungsmanagement:** Die systematische Erfassung der zu erfüllenden Eigenschaften und die Kontrolle der Umsetzung.
- **Design Management:** Integration der CAD Daten. (Viele Anbieter von PLM haben ihren Ursprung im CAD und sind bis heute in diesem Punkt besonders stark.)
- **Dokumentenmanagement:** Sämtliche Dokumente zum Produkt wie Word und Excel über Bilddaten bis hin zu E-Mails und anderen Dokumententypen.
- **Projektmanagement:** Eine Verknüpfung der Arbeitsschritte in der Produktentwicklung mit den zu liefernden Arbeitsergebnissen wie Dokumenten, Bauteilen, Produkten.
- **Produktdatenmanagement:**
  Die Verwaltung aller Produktinformationen inklusive Stücklisten, Varianten und Konfigurationen. (Viele Anbieter von PLM haben ihren Ursprung im PDM und sind bis heute in diesem Punkt besonders stark.)
- **Änderungsmanagement:** Dokumentation von Produktveränderungen.

Unübersichtliches Angebot

Capterra führt im Internet über 100 PLM Lösungen auf. Bei intensiver Betrachtung fällt auf, daß viele von ihnen keine vollständigen PLM sind, sondern PDM, Werkzeuge zur verbesserten Zusammenarbeit („Collaboration") in Entwicklungsteams oder sehr branchenspezifische Lösungen.

Nach einem Abgleich mit drei weiteren öffentlichen PLM Übersichten Anfang 2019 im Internet werden nur 13 als relevant für den Vergleich auf www.ProduktMarketingBeratung.de/plm erachtet, die in mindestens zwei Übersichten enthalten sind.

Die PLM der großen Anbieter Oracle, PTC, SAP und Siemens sind sehr umfangreich. Oft bestehen sie aus verschiedenen Modulen, so daß kaum exakt festzustellen ist, welche Funktionalitäten speziell im PLM Modul enthalten sind und wieviel diese kosten. Zusammenfassend erfüllen die Summen der jeweiligen Module alle für PLM erforderlichen Funktionen, haben dafür aber auch ihren Preis.

Der Preis-Leistungs-Gewinner in diesem Vergleich ist ProductCenter. Es bietet keinen mobilen Zugang, sonst alle erforderlichen Funktionalitäten für den vergleichsweise günstigen Preis von einmalig 10.000 Euro. Nahezu lückenlose Funktionalitäten bieten vier deutlich teurere PLM: Aras Innovator, Oracle Agile PLM, PTC Windchill und Siemens Teamcenter.

Mit einem ESN im vorangegangenen Schritt stärken Sie die Innovationskompetenz und dezentrale Verantwortung im Unternehmen. Mit einem PLM in diesem Schritt rücken Kunden und Anwender weiter in den Fokus. Zusammen mit neuen Innovationsmethoden, die darauf aufbauen, etablieren Sie eine Innovationskultur.

4.2.1 Design Thinking – Der Wurm muss dem Fisch schmecken und nicht dem Angler

Für erfolgreiche Innovationen müssen Sie zuerst wissen, welche Kunden Sie bedienen möchten und welche Bedürfnisse diese haben. Eine hilfreiche Methode ist **"Design Thinking"** (auf Deutsch etwa "Gestalt denken").

Es gibt unterschiedliche Strukturen zur Umsetzung dieser Methode. Die meisten führen vier bis acht Schritte auf. Die mit weniger Schritten fassen mehrere Details in einem Schritt zusammen. Ein schön formulierter Ansatz lautet **"What is?"**, **"What if?"**, **"What wows?"** und **"What works?"**, auf Deutsch etwa **"Wie ist es?"**, **"Wie könnte es sein?"**, **"Was begeistert?"** und **"Was funktioniert?"**. Mir gefällt die Darstellung als zwei parallele Diamanten, ähnlich einem Schmetterling, sehr gut, weshalb sie auch Kern meines Unternehmenslogos in Abbildung 9 ist.

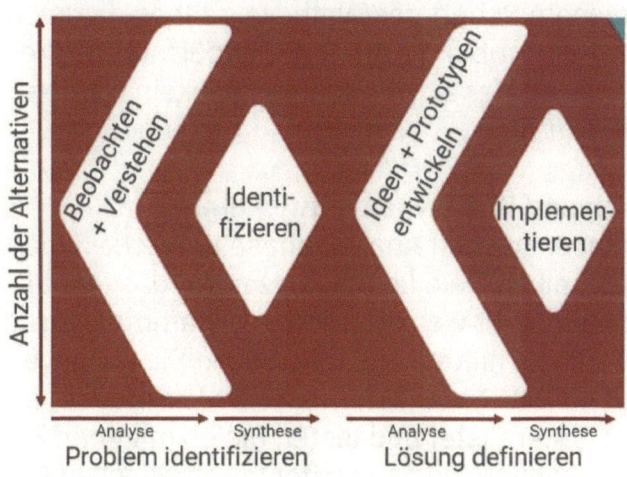

Abbildung 9: Design Thinking in vier Schritten

1. **Beobachten und Verstehen:**
   Im ersten Schritt begleiten Sie Ihr Produkt zum Kunden bzw. bis zum Anwender. Sie beobachten, was mit Ihrem Produkt passiert. Gibt es Probleme bei der Handhabung, beim Auspacken, beim Einbau, bei der Inbetriebnahme oder während des Betriebes? Seien Sie offen und unvoreingenommen beobachten Sie viel, um in dieser ersten Analyse viele Probleme zu sammeln. Erkennen Sie, welche unbefriedigten Bedürfnisse dahinterstecken.
   ("What is?")

2. **Identifizieren:**
   Welches ist das Kernproblem Ihrer meisten Kunden bzw. Anwender?
   Professor Clayton Christensen, der das Konzept der heute oft verkehrt verstandenen Disruption entwickelt hat, spricht von "Jobs to be done": Welches Bedürfnis hat ihr Kunde wirklich, dessen er sich vielleicht nicht mal bewusst ist? Ein Job, den Ihr Produkt erfüllen soll.
   In diesem Schritt der Synthese geht es darum, dieses eine Kernproblem oder Grundbedürfnis zu erkennen, für das Sie später eine Lösung entwickeln werden.
   ("What if?")

3. **Ideen und Prototypen entwickeln:**
   In dieser zweiten Analysephase entwickeln Sie mit Kreativtechniken viele Lösungsideen für das identifizierte Problem. Erst wenn alle Ideen zusammengetragen sind, werden sie hinterfragt. Entwickeln Sie zur jeweils besten Idee ein MVP, ein "Minimum Viable Product", ein erstes Funktionsmuster und testen Sie es mit ihren Kunden. Dafür können Sie den später automatischen Produktnutzen manuell simulieren, den Produktnutzen in einem

Bild oder Video darstellen oder ihn zum Kauf anbieten, um zu prüfen ob Kunden positiv reagieren. Überzeugt Ihre "beste" Idee Ihre Kunden nicht, lassen Sie sie fallen und testen die "Zweitbeste". *("What wows?")*

4. **Implementieren:**
   Wenn Sie mehrere Ideen mit MVPs und Kunden ausprobiert haben und die Idee gefunden haben, die die Kundenbedürfnisse am besten erfüllt, entwickeln Sie diese eine Lösung für den Alltagsgebrauch. Glauben Sie nicht, das MVP sei bereits die fertige Lösung. Dann hätten Sie bereits zu viele Ressourcen darin investiert.
   ("What works?")

Haben Sie die wesentlichen Unterschiede zum "klassischen" Innovationsprozess bemerkt?

- Im ersten Schritt entwickeln Sie noch keine Lösungen, sondern beobachten nur völlig unvoreingenommen. Sie tun dies, weil Sie in diesem Moment noch nicht wissen, **was** genau entstehen soll oder **wie** dies passieren wird. Dementsprechend wenig kann vorab geplant werden. Die Innovation entsteht im laufenden Prozess. Dies ist der Kern agilen Arbeitens.
- Im dritten Schritt probieren Sie Ihre Ideen einfach mit Kunden aus. Besser Sie merken bereits jetzt, falls eine Idee Ihnen viel besser gefällt als Ihren Kunden. **"Fail fast"**, das frühe Scheitern, bedeutet nicht, dass Sie scheitern müssen, sondern falls, dann möglichst früh. Bemerken Sie Ihre Fehler erst nach einer Markteinführung ist Ihr Schaden viel größer.

4.2.2 Lean Start-Up - Innovationen einfach machen

Alle agilen Arbeitsmethoden basieren auf empirischen Daten statt auf Vermutungen oder Meinungen. Um empirische Daten zu erhalten, führen Sie frühe Experimente mit häufigen Rückblicken und Feedback Schleifen durch.

Auf der Suche nach der besten Lösung für ein Problem treffen Sie keine Vermutungen, sondern führen einfach gehaltene Experimente durch. Es gilt die **Devise des frühen Scheiterns**: Besser, Sie stellen bei einem frühen, einfachen Experiment anhand empirischer Daten fest, dass Ihre vermeintliche Lösung in eine Sackgasse führt als erst spät nach hohen Investitionen in ein voll entwickeltes Produkt, das auf eigenen Vermutungen basiert.

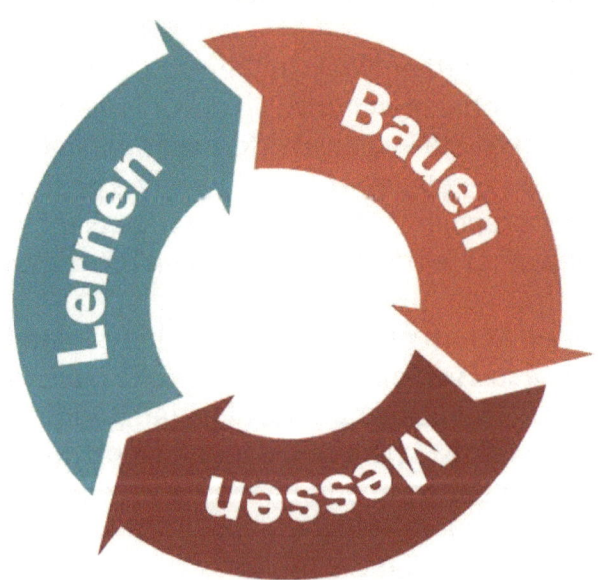

Abbildung 10: Lean Start-Up in drei Phasen

Lean Start-Up beschreibt ein einfaches Experiment in einer in Abbildung 10 gezeigten **Schleife aus Lernen, Bauen und Messen**. Der Prozess ist so einfach und schlank **("lean")** wie er klingt. Er wurde ursprünglich genutzt für Experimente bei der Unternehmensgründung **("Start-Up")**. Er wird auch genutzt beim Experimentieren mit einem neuen Geschäftsmodell oder mit einer innovativen Produktidee.

- Entwickeln Sie zuerst ein Konzept, wie Sie Ihre Idee in einem einfach gehaltenen Experiment mit potenziellen Kunden erproben. Dann **bauen** Sie das entsprechende Experiment mit einem einfachen Prototyp, der Ihre Lösungsidee zum Kundenproblem simuliert.

- Zum **Messen** führen Sie Ihre Experimente mit realen Kunden und Anwendern durch, ob Ihr späteres Produkt einen Markt findet, und sammeln Daten über Durchführung und Resultate.

- Anschließend **lernen** Sie aus den Ergebnissen Ihrer Experimente, ob Ihre Idee Erfolg verspricht, leichte Änderungen bedarf oder eine Sackgasse ist.

  o Im Falle des wahrscheinlichen Erfolges setzen Sie die bewährte Idee um.

  o Falls Ihre Daten ergeben, dass Ihre Lösungsidee noch nicht ideal ist, passen Sie Ihren Prototypen in einer weiteren Phase des "Bauens" an.

  o Im Falle eines wahrscheinlichen Misserfolges beenden Sie jetzt weitere Investitionen ("frühes Scheitern") und beginnen mit einer neuen Lösungsidee neue Experimente in einer neuen Schleife.

Wichtig sind der frühe und kontinuierliche Kontakt mit Kunden und Anwendern im Sinne der Co-Creation bis Ihre Lösungsidee von Kunden und Anwendern bestätigt ist. Danach entwickeln Sie Ihr marktfähiges Produkt.

4.2.3 Scrum – Fehlt Ihnen noch etwas?

Die Frage "Fehlt Ihnen noch etwas?" beschreibt den Kern von Scrum am Besten. Scrum ist ein agiles Rahmenwerk, vielleicht das Bekannteste und wird mitunter auch synonym mit "agil" verwendet. Das Besondere an Scrum sind die sogenannten Sprints. Diese große Schleife in der typischen Darstellung in Abbildung 11 steht für einen maximal vierwöchigen Zeitraum, in dem ein vorher festgelegtes Ziel erreicht wird. Das Ergebnis wird darauf überprüft, ob noch etwas Wichtiges fehlt und ein weiterer Sprint folgt.

Die gute Nachricht: Scrum ist ein leicht verständliches Rahmenwerk.

Wie alle Ansätze und Rahmenwerke, die auf dem **agilen Manifest** beruhen, stehen die **Zusammenarbeit mit Kunden** und ein wertschöpfendes, **funktionstüchtiges Produkt** im Mittelpunkt. **Veränderungen** im Projektverlauf begegnet man mit Kommunikation und **Interaktion zwischen Individuen**. Auch Scrum als „agiles Projektmanagement" beruht wie alle agilen Ansätze auf empirischer Prozesskontrolle.

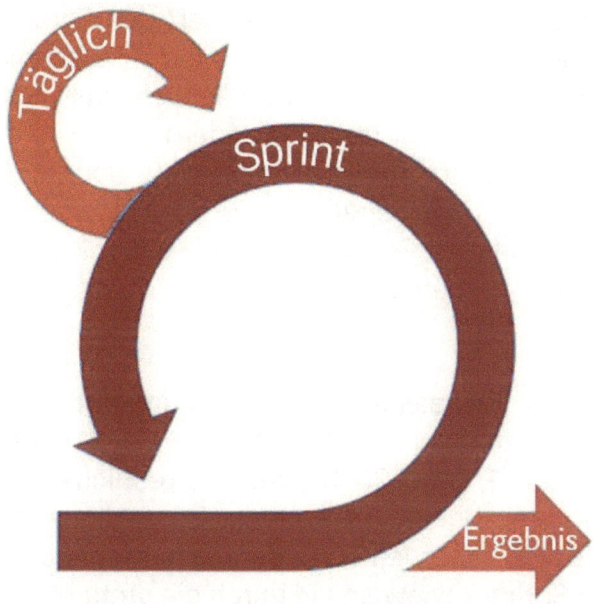

Abbildung 11: Drei wesentliche Bestandteile von Scrum

Für jeden Sprint sind vier Besprechungen definiert, um **Transparenz** zu fördern sowie Ergebnisse und Vorgehensweise zu **inspizieren** und zu **verbessern**:

- Zu Beginn jedes Sprints **plant** das Scrum Team die zu erarbeitenden Produktfunktionen und das übergeordnete Ziel des Sprints.
- Innerhalb des Sprints (große Schleife in Abbildung 11) gibt es ein kurzes, **"tägliches Scrum"** des Entwicklungsteams (kleine Schleife in Abbildung 11). Im täglichen Scrum tauscht es sich aus, was es am Vortag geschafft hat, welche Hindernisse es vielleicht gibt und was es heute erreichen will, um das Sprintziel im vorgegebenen Zeitraum von maximal vier Wochen zu erreichen.

- Am Ende jedes Sprints präsentiert das Scrum Team im **Review** das erreichte Ergebnis den "Stakeholdern". Die Stakeholder bestehen hauptsächlich aus eigenem Management, Kunden und Anwendern.
- Zusätzlich betrachtet am Ende eines Sprints das Scrum Team in der **Retrospektive** die Art der Zusammenarbeit und der Abläufe. Es gibt offenes Feedback und es stimmt konkrete Verbesserungen für die Abläufe im nächsten Sprint ab.

Diese vier formalisierten Besprechungen finden in klaren zeitlichen Grenzen von in Summe 1/8 der Arbeitszeit eines Sprints statt (1,5 von 20 Tagen). Die restliche Zeit ist wertschöpfende Tätigkeit für Kunden. Zusätzliche (Status-)Berichte gibt es nicht, weil Transparenz besteht durch das vierwöchige Sprint Review sowie durch die stets offen zugänglichen Arbeitsunterlagen des Scrum Team.

Bei den regelmäßigen Sprint Reviews holt das Scrum Team Rückmeldung von Kunden zum neu überarbeiteten Produkt ein. So stellt agile Arbeit sicher, daß man Produkte nicht auf Basis vielleicht veralteter Vermutungen, sondern auf Basis aktueller Kundenmeinungen entwickelt. Durch diese ständige Rückversicherung ist im gesamten Projektverlauf immer nur der jeweils aktuelle Sprint das Investitionsrisiko. Beim klassischen Projektmanagement erweist sich schlimmstenfalls erst am Ende das gesamte Projekt als Fehlinvestition. Auch wenn bei agiler Arbeit Veränderungen ausdrücklich begrüßt werden, muss das Scrum Team während eines Sprints konzentriert und ohne inhaltliche Veränderungen am jeweiligen Sprintziel arbeiten.

Ein Scrum Team besteht aus drei verschiedenen Rollen:

* Ein multifunktionales, selbstorganisierendes **Entwicklungsteam** von drei bis neun Menschen. In diesem Entwicklungsteam müssen alle für die Entwicklung notwendigen Funktionen vertreten sein. Das Entwicklungsteam hat die Verantwortung, das gemeinsam geplante Ergebnis eines Sprints zu erreichen. Vereinfacht wird dies durch Menschen mit Erfahrungen in mehreren Funktionen.

* Der **Scrum Master** achtet auf die Einhaltung der Regeln, im Scrum Team und im gesamten Unternehmen. Der Scrum Master moderiert Besprechungen sowie eventuelle Konflikte und beseitigt vor allem identifizierte Hindernisse für den Sprint.

* Der **Product Owner** ist vergleichbar dem klassischen Produkt Manager die Schnittstelle zum Markt, der "Wertmaximierer". Er erstellt keine vollständige Produktspezifikation zu Projektbeginn, sondern beschreibt während der gesamten Projektlaufzeit immer genauer die Marktanforderungen in kurzen Geschichten aus Kunden- bzw. Anwendersicht. Er sammelt und sortiert diese Anforderungen kontinuierlich nach Werthaltigkeit für Kunden bzw. Anwender.
Schon in den ersten Sprints soll der meiste Wert geschaffen werden. Bei späteren Sprint Reviews kann es passieren, daß verbleibender, geringer Wert nicht mehr in wirtschaftlichem Verhältnis zum Aufwand steht. Dann beendet der Product Owner die Entwicklung: "Fehlt Ihnen noch etwas (Wichtiges)?" - "Nein."

Die schlechte Nachricht: Scrum ist schwierig umzusetzen.

Scrum ist ein Rahmenwerk, ohne fest vorgegebene Prozesse. Es lebt von ständiger Verbesserung und sieht im Detail in jedem Unternehmen anders aus, abhängig von den Menschen und den Produkten. Es bewährt sich in dynamischen Märkten gegenüber klassischem Projektmanagement mit langer Vorabplanung, wenn zu Beginn nicht deutlich ist, **was** das finale Produkt im Detail leisten muss und **wie** der Entwicklungsprozess dahin aussieht.

4.2.4 Stacey Matrix – Alles agil?

Nein! Bloß nicht alles agil!
Auch die überzeugtesten Agilisten wissen: "Hat man nur einen Hammer als Werkzeug, sieht jedes Problem wie ein Nagel aus."

Möchte man z.B. ein Haus agil bauen, wird das dadurch weder schneller fertig, noch das Ergebnis besser. Auch hier hat das klassische Projektmanagement mit ausführlicher Planungsphase vorab nach wie vor Daseinsberechtigung.

Andererseits wird man z.B. ein komplexes Unternehmen, das selbst mit Produkten handelt, Dritten eine Handelsplattform bietet, einen eigenen Lieferdienst hat, Streamingdienste für Musik und Video sowie eigene Hardware für mobilen Internetzugang und Sprachsteuerung entwickelt, produziert und verkauft, ohne agile Denkweisen und Methoden nicht vorab in dieser Form planen und erst nach Fertigstellung des gesamten Angebotes eröffnen können.

Wann also agil und wann nicht?

Der britische Professor Ralph Douglas Stacey hat die Grundlage geschaffen für die nach ihm benannte **Stacey Matrix**. Es kann eben nicht jede Herausforderung mit dem selben Werkzeug gelöst werden, sondern Jede braucht ihr passendes Werkzeug.

Dafür müssen vorab zwei Dimensionen bewusst sein:
*   Wie klar ist vorab die finale Lösung definierbar? Sind die Anforderungen an die Lösung bekannt? Weiß ich, **WAS** genau das Ziel ist?
*   Wie deutlich ist der Weg zur Lösung? Können im Vorfeld die einzelnen Arbeitsschritte dorthin exakt beschreibbar? Weiß ich, **WIE** ich zur Lösung komme?

Stacey beschreibt eine Herausforderung als **einfach**, wenn die Anforderungen vorab bekannt sind und auch der Weg dorthin mit einem bewährten "Kochrezept". Eine Herausforderung ist **kompliziert**, wenn vorab die Anforderungen oder der Lösungsweg nicht wirklich klar sind. **Komplex** ist eine Herausforderung, wenn sich Anforderungen oder Lösungsweg im zeitlichen Verlauf ändern. Bei vollkommener Unbekanntheit von Anforderungen oder Lösungsweg herrscht **Chaos**.

In der diagonalen Achse in Abbildung 12 von „Einfach" zu „Chaotisch" lassen sich Lösungsansätze als Werkzeuge einordnen:

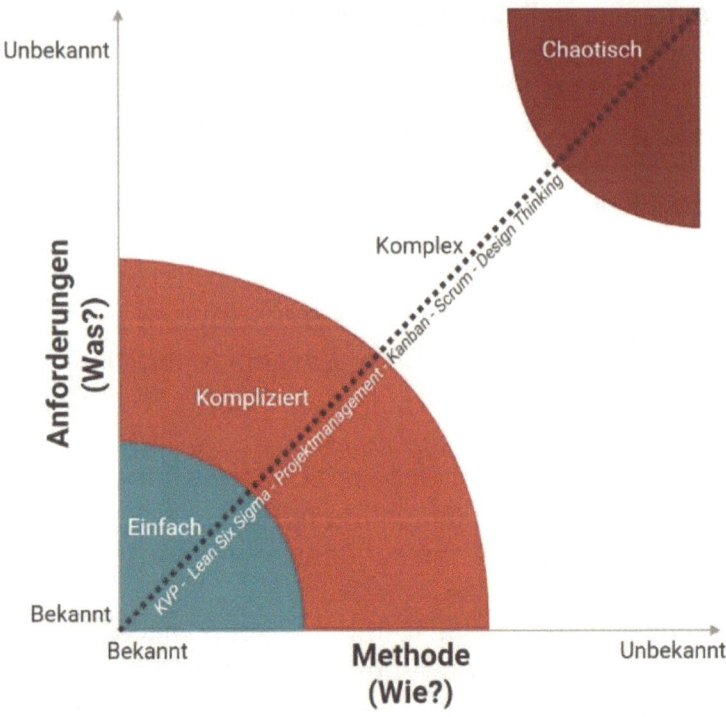

Abbildung 12: Die Stacey Matrix für einfache, komplizierte und komplexe Herausforderungen

Einfache Herausforderungen mit offensichtlichen Ursache-Wirkungs-Beziehungen löst man mit standardisierten Vorgehensweisen wie kontinuierlicher Verbesserung (KVP) oder Lean Six Sigma. Bei komplizierten Herausforderungen mit zeitlich stabilen Unbekannten bewährt sich das klassische Projektmanagement. Bei komplexen Herausforderungen mit zeitlich veränderlichen Unbekannten, wo Ursachen und Wirkungen oft erst im Nachhinein erkennbar sind, benötigt man die kurzen Regelkreise agiler Methoden und Rahmenwerke wie Kanban, Scrum oder Design Thinking.

Tipps:

- Fokussieren Sie sich auf die Bedürfnisse zunächst einiger Kunden und entwickeln Sie Lösungen in Co-Creation.
- Überlegen Sie gut, ob Sie Ihre Herausforderungen mit klassischen oder agilen Ansätzen angehen.
- Verwenden Sie „Product Lifecycle Management" (PLM), um Kundenbedürfnisse systematisch in Produktanforderungen zu übersetzen und zu dokumentieren.
- Die Einführung von PLM erfordert nur wenig kulturelle Veränderung, aber hohen technischen Aufwand.
- PLM gibt es auch < 1.000 €/MA/Jahr

4.3 Channels - Individuelle Präsenz auf allen Kanälen

Die Geschwindigkeit im Unternehmen wird durch dezentrale Verantwortung mit einem Enterprise Social Network unterstützt. Produktlebenszyklus Management verstärkt den Fokus auf die Bedürfnisse von Kunden und Anwendern. Mit Customer Relationship Management (CRM) koordinieren Sie die Bedürfnisse aller Kunden und Ihre Angebote auf allen Kanälen.

Warum CRM?

In einem CRM System werden zentral alle Informationen und Dokumente zu einem Kundenkontakt, Geschäftsanbahnung und Geschäftsabwicklung erfasst. Ein gutes CRM verbessert die interne Kommunikation durch mobile Zugänge und eigene Mail- oder Chatfunktionen. Ein gutes CRM erlaubt die Planung und Analyse von Aktivitäten mit dem Kunden. Ein sehr gutes CRM entwickelt **zusätzliche Aktionsvorschläge** und ermöglicht die **individuelle Automatisierung von Kommunikationsprozessen** durch z.B. bestimmte E-Mail-Sequenzen für potenzielle Neukunden.

So macht CRM Prozesse schneller und spart Kosten. Ebenso unterstützt es, die Effektivität und damit den Umsatz zu steigern.

Aufwand für CRM ist gering

Oft werden IT-Aufwand und Kosten für CRM überschätzt. Die meisten CRM Software Hersteller bieten Cloud Lösungen an. Daten dürften bei einem professionellen Datenverwalter in jedem Fall sicherer sein als z.b. bei einem Industrieunternehmen mit ganz anderen Schlüsselkompetenzen als Datenverwaltung. Viele CRM Systeme sind sogar kostenlos erhältlich, dann aber meist mit eingeschränkten Funktionalitäten und/oder für nur eine Handvoll Nutzer. Voll funktionale CRM Systeme zum Senken der Kosten und Steigern des Umsatz für z.B. 40 Nutzer gibt es für unter 10.000 Euro im Jahr. Das sind weniger als 20 Euro pro Nutzer und Monat.

Welche Funktionen bieten CRM Systeme?

Alle CRM Systeme ermöglichen die zentrale Pflege von Kundenkontaktdaten, Gute ergänzen diese um Informationen aus Sozialen Medien wie Facebook, Twitter, LinkedIn oder Xing. Manche beinhalten auch den Versand von Mitteilungen in Sozialen Medien. Die Möglichkeit, direkt aus dem CRM heraus Anrufe zu initiieren kann ebenso hilfreich sein wie die Segmentierung von Kunden für Massennachrichten.

Gute CRM Systeme bieten auch mobilen Zugriff, um z.B. dem Außendienst die Pflege von Daten auch unterwegs zu erleichtern. Sie ermöglichen auch die Arbeit mit Terminen, Erinnerungen und Aufgaben, möglichst auch deren Aufteilung innerhalb frei festlegbarer Teams und erleichtern die interne Kommunikation mit einer Chat Funktion. Ein gutes CRM System beinhaltet ein zentrales Dokumentenmanagement für Angebote, Rechnungen und andere kundenspezifischen Dokumente. Das Erstellen von Angeboten und Rechnungen im CRM kann hilfreich sein, wenn sie nicht bereits in einem anderen System zentral erstellt werden.

Wichtig sind bei den vielen Funktionsmöglichkeiten und der zentralen Bedeutung eines CRM funktionierende Schnittstellen zu anderen Systemen. Hilfreich für die vollständige Erfassung der Geschäftsvorgänge mit Kunden sind integrierte Funktionen zu einem Kundenservice mit Ticket-System.

Essenziell für Kosteneinsparungen sind automatisierte E-Mail-Sequenzen und möglichst auch frei definierbare Workflows für Geschäftsprozesse. Ebenso essenziell sind ausführliche, möglichst selbst erstellbare Analysen und Berichte.

Die günstigsten CRM Systeme einer großen Auswahl

Die Auswahl eines CRM System fällt schwer mit über 100 unterschiedlichen Angeboten. Für den Vergleich Anfang 2019 auf www.ProduktMarketingBeratung.de/crm werden nur die 31 Systeme betrachtet, die in mindestens zwei von sieben im Internet bereits zugänglichen Tests erwähnt sind. Die Anderen wurden als weniger bedeutende Nischenangebote nicht berücksichtigt. Von diesen 31 Systemen kosten 13 unter 10.000 Euro pro Jahr bei beispielhaft angenommenen 40 Nutzern.

Von diesen 13 günstigsten CRM Systemen weisen fünf wesentliche funktionale Lücken auf. Das günstigste System hat nur unwesentliche funktionale Lücken. Zwei Systeme decken alle funktionalen Anforderungen ab.

Der klare Gewinner in diesem Vergleich ist Bitrix24. Dieses CRM bietet alle wichtigen Funktionen zu einem erstaunlich geringen Preis. Nahezu lückenlose Funktionalitäten bieten zwei etwas teurere CRM: Vtiger und Odoo. Lückenlose Funktionalitäten für deutlich höhere Preise bieten die deutlich teureren 1CRM und Salesforce Sales Cloud.

CRM ist Ihre wichtige Basis für die individuelle Behandlung Ihrer Kunden auf allen Kanälen. Noch komplexer wird die Betreuung Ihrer Kunden, wenn klassische Kanäle in Plattformen aufgehen.

Mächtige Plattformen

Im Zuge der Digitalisierung entstehen neue Netzwerke, die Hersteller, Weiterverarbeiter oder Transporteure in Plattformen mit Endkunden und Anwendern verbinden. Die Bedeutung solcher Plattformen gegenüber Herstellern ist groß:

Kritisch oder mächtig sind in einem Netzwerk die Punkte mit den meisten Beziehungen. In der Lieferkette sind diese gleichmäßig verteilt, im Netzwerk bündelt die zentrale Plattform in Abbildung 13 die Macht.

Abbildung 13: Plattformen konzentrieren Marktmacht

Wer Zugang zu Kunden hat, erfährt mehr über deren Bedürfnisse und kann mehr und/oder passgenauere Waren und Dienstleistungen anbieten. Der gute Kundenzugang der Plattform wird konsequent zu einem ganzen Ökosystem ausgebaut.

So hat die weltweit führende Handelsplattform einst als reiner Online-Buchhändler begonnen. Andere analysieren Versicherungsverträge und vermitteln günstige Alternativen. Wieder Andere sind die größten Anbieter für Unterkünfte oder Autofahrten, ohne selbst ein einziges Gästezimmer oder Auto zu besitzen.

Auch in der Industrie wachsen solche Ökosysteme: Z.B. unterbricht ein neues Unternehmen die klassische Lieferkette in der Heizungsbranche vom Hersteller über den Installateur zum Hausbesitzer. Es bietet das komplette Heizungsangebot aus einer Hand und verbindet die besten Einzelangebote der Hersteller und Installateure. Inzwischen gehört es zu den am stärksten wachsenden Unternehmen in Europa. Den Möglichkeiten scheinen keine Grenzen gesetzt.

Nutzen Sie Ihren guten Kundenzugang den Sie heute haben, bauen Sie ihn entsprechend der Bedürfnisse Ihrer Kunden weiter aus. Vernetzen Sie sich dazu mit anderen Unternehmen, die Ihr Angebot ergänzen. Nehmen Sie keine Rücksicht auf Ihre heutigen Vertriebswege. Wenn Sie Ihren Kundenzugang nicht im Sinne Ihrer Kunden stetig verbessern und womöglich in Konflikt mit bestehenden Vertriebswegen geraten, macht es ein Anderer. Geben Sie diese Verhandlungsmacht für Preise nicht an Dritte ab, verbinden Sie sich mit anderen Unternehmen zu einer eigenen Plattform.

Machen Sie sich lieber selbst Konkurrenz, bevor es ein Anderer macht.

Tipps:

- Kennen Sie die bevorzugten Informations- und Warenkanäle Ihrer Kunden und nutzen Sie sie.
- Gründen Sie ein eigenes Plattform-Geschäft und machen Sie sich lieber selbst Konkurrenz, bevor es ein Anderer tut.
- Bedienen Sie Ihre Kunden auf allen gewünschten Kanälen indivduell mit „Customer Relationship Management" (CRM)
- Die Einführung von CRM zur zentralen Sammlung Ihrer Kundendaten verursacht mittleren kulturellen und technischen Aufwand.
- Es gibt eine große Auswahl CRM für < 250 €/MA/Jahr

4.4 Currency - Geschwindigkeit durch Big Data

Big Data erlaubt eine in nahezu Echtzeit stattfindende Preisfestlegung, ähnlich einem Währungswechselkurs ("**Currency**"): Bisher nutzen Menschen die unterschiedlichen Informationen über eigene Kostensituation, Zielmargen, Marktpreise oder Kundenbeziehung für eine langfristige Preisfestlegung. Die Preisfestlegung ist oft nur deswegen langfristig, weil der Aufwand zur Informationsbeschaffung und Preisfestlegung hoch war.

Tätigkeiten, die anhand festgelegter Regeln ablaufen, lassen sich in Algorithmen programmieren. Mit Hilfe von Big Data erhält jeder Kunde nahezu in Echtzeit seinen individuellen Preis zum aktuellen Zeitpunkt seiner Anfrage, unter Berücksichtigung von Kundenstruktur, Produktlebenszyklus, Wettbewerbspreisen und Kostensituation.

Da ein Kunde sich seinen Vertriebskanal aussucht, ob direkt vom Hersteller oder über einen indirekten Kanal, ob offline im realen Leben oder online, ist eine Segmentierung und Zuordnung der Kunden für Sie wichtig.

Nachdem die Unternehmenskultur und -kommunikation geändert worden und Kunden in einen aktiven Dialog auf allen notwendigen Kanälen eingebunden sind, übernehmen im vierten Schritt zum digitalen Marketing Algorithmen die Aufgaben von Menschen. Bisher sind es Menschen, die unterschiedliche Daten über eigene Kostensituation, Zielmargen, Marktpreise oder Kundenbeziehung nutzen für eine langfristige Preisfestlegung. Die Preisfestlegung ist oft nur deswegen langfristig, weil der Aufwand zur Informationsbeschaffung und Preisfestlegung hoch ist.

Digitalisierung erhöht den Preisdruck: Unternehmen finden leicht weltweiten Marktzugang, was den Wettbewerbsdruck erhöht (und die eigenen Geschäftsmöglichkeiten). Außerdem wird die Preisgestaltung transparenter, weil im Internet Preisangaben von Wettbewerbern öffentlich zugänglich sind.

Digitalisierung erlaubt, auf Preisdruck zu reagieren: Tätigkeiten, die anhand festgelegter Regeln ablaufen, werden in Algorithmen programmiert. Preise werden in Echtzeit kundenspezifisch berechnet, unter Berücksichtigung von Kundennutzen, Marktpreisen und internen Kosten. Hierzu wird auf unternehmensinterne Daten ebenso zurückgegriffen wie auf Externe z.B. in Handelsplattformen. Jeder Kunde steht im Fokus und erhält seinen individuellen Preis zum Zeitpunkt seiner Anfrage. Big Data erlaubt eine nahezu in Echtzeit stattfindende Preisfestlegung, ähnlich einem Währungswechselkurs (**"Currency"**).

Der Global Pricing & Sales Survey 2017 zeigt, dass bei fast 2.000 Teilnehmern weltweit am Häufigsten in effizientere Vertriebsprozesse investiert worden ist. Nur ein Drittel von ihnen berichtet von sichtbaren Verbesserungen. **Die höchsten Verbesserungen** wurden erreicht, wo mit am seltensten investiert worden ist: **Bei der automatisierten Preisgestaltung mit Big Data.** Eine gute Möglichkeit, sich von Wettbewerbern abzugrenzen und die eigenen Gewinne zu erhöhen.

Mit Preisoptimierung sollten Sie rechnen!

Zunehmende Komplexität und Geschwindigkeit der Digitalisierung erfordert mehr zwischenmenschliche Kommunikation und dezentrale Entscheidungsfindung. Dies nutzen Menschen in einem Unternehmen durch Einführung eines Enterprise Social Network (ESN). Product Lifecycle Management (PLM) erleichtert, echten Mehrwert für Kunden zu entwickeln, ein Customer Relationship Management (CRM) verstärkt den Kundenfokus. Software zur Preisoptimierung ist ein sinnvoller erster Schritt im Umgang mit Big Data.

Warum Preisoptimierung?

Die Preise Ihrer Produkte und Dienstleistungen sind DER Schlüssel zu Ihrem Gewinn. Wie oft passen Sie Ihre Preisstruktur an veränderte Kosten, Wettbewerbsdruck und Kundeneinschätzungen an? Und wie weit setzen Sie veränderte Preise wirklich durch? Wahrscheinlich höchstens ein Mal im Jahr, weil der Aufwand hoch ist, um alle benötigten Informationen zusammenzutragen. Software zur Preisoptimierung erleichtert den Preisfindungsprozess und sorgt für stets optimale Preise - wie immer Sie optimal definieren.

Was leistet Preisoptimierungssoftware?

Gute Preisoptimierungssoftware bietet viele Analysemöglichkeiten zu den wesentlichen Einflussfaktoren Kosten, Wettbewerb und Markt. Eine gute Preisoptimierungssoftware lässt Sie das angestrebte Optimum definieren: Ist maximale Marktabdeckung Ihr Ziel, maximaler Umsatz oder maximaler Gewinn? Daran orientieren sich die Algorithmen bei der Preisfestlegung und ermöglichen auch die Entwicklung von Szenarien und Vorhersagen. Für die Preissetzung soll die Dynamik einstellbar sein, wie oft Preise verändert werden. Im Internethandel mit Privatkunden (B2C) mit hoher Preistransparenz ist schon heute eine dynamische Preisanpassung wichtig und weit verbreitet.

Welche Funktionen bietet Preisoptimierungssoftware?

* **Preisanalyse:** anhand von Wettbewerb, Markt, Kanäle, Preise und Profitabilität
* **Preisoptimierung:** Automatisiert/Dynamisch, Vorhersage, Szenarien
* **Preissetzung:** Preislisten, mehrere Geschäfte und Kanäle

Unübersichtliches Angebot

Es gibt über 100 Hersteller von Preisoptimierungssoftware. Im Internet führen Capterra, GetApp und Sourceforge die selben Listen mit den selben Bewertungen. Für den Vergleich Anfang 2019 auf www.ProduktMarketingBeratung.de/preisoptimierung wird erneut Capterra als eine wichtige Grundlage herangezogen.

Nach einem Abgleich mit zwei weiteren Übersichten im Internet, werden nur die 40 Preisoptimierungssoftware als relevant für den Vergleich erachtet, die in mindestens zwei dieser drei Übersichten enthalten sind. Die Anderen werden als weniger bedeutende Nischenangebote nicht berücksichtigt.

Von diesen 40 haben 9 deutliche Schwächen in der Preissetzung, 14 haben leichte Schwächen in anderen Bereichen. Der Vergleich zeigt zur besseren Übersicht nur die 17 Systeme, die keine funktionalen Schwächen haben.

Achten Sie auf Preise ...

Leider machen nur weniger Anbieter von Preisoptimierungssoftware ihre eigenen Preisangaben öffentlich. Dabei ist gerade für Preisoptimierungssoftware der Preis wichtig. Steigern Sie Ihren Gewinn um vielleicht 2%, darf die Software bei 100.000 Euro Jahresumsatz nicht mehr als 2.000 Euro kosten, bei 10 Millionen Euro Jahresumsatz schon bis zu 200.000 Euro im Jahr, damit sich die Anschaffung rentiert.

... und auf Ihre Branche

Für die Auswahl geeigneter Preisoptimierungssoftware ist Ihre Branche essenziell. Sind Sie Händler, womöglich ausschließlich im E-commerce oder sogar exklusiv bei Amazon? Dann haben hohe Preisdynamik und ständiger Wettbewerbsvergleich höchste Priorität. Als Hersteller von Produkten sind z.B. Ihre Herstellkosten komplexer zu erfassen, als Erzeuger von Dienstleistungen haben Sie wieder andere Schwerpunkte für Ihre Preisfindung.

Für Händler sind Marguard und Skuuudle die günstigsten Angebote aus dem Vergleich der 17 leistungsfähigsten Preisoptimierungssoftware. Speziell für E-commerce und Amazon gibt es noch günstigere Systeme und Nischenangebote.

Preisoptimierungssoftware für Händler und Dienstleister sind mit angegebenen Preisen von 30.000 Euro/Jahr für Price f(x) und 180.000 Euro/Jahr für Price Intelligently deutlich teurer.

Tipps:

- Automatisieren Sie Ihre kundenindividuelle Preisgestaltung zur **Preisfestlegung in Realzeit**.
- Die Einführung von Preisoptimierungssoftware erfordert sehr geringen kulturellen und mittleren technischen Aufwand.
- Preisoptimierungssoftware gibt es für Händler < 1.000 €/Jahr, für Hersteller erst > 30.000 €/Jahr

---

4.5 Community - Kundenbindung als Ergebnis

Dezentralisieren Sie die Verantwortung im Unternehmen mit Hilfe eines **ESN**. Dann erstellt Ihr ganzes Unternehmen leichter hochwertigen **Content** für Ihre Kunden und Anwender und tauscht Wissen aus für Co-Creation.

Im Dialog mit Ihren Kunden und Anwendern lernen Sie bei **Co-Creation** deren Bedürfnisse besser kennen. Übersetzen Sie sie durch **PLM** in einer neuen Innovationskultur systematisch in Produktanforderungen und Produktentwicklungen.

Durch **CRM** stehen im Unternehmen Kundeninformationen zur Verfügung. Alle im Unternehmen können beitragen zur individuellen Befriedigung der Kundenbedürfnisse und Präsenz auf allen Kundenkanälen, den **Channels**, und in Plattformen mit anderen Unternehmen.

Durch Online **Preisoptimierung** in Echtzeit finden Sie stets den aktuell besten Preis. Die Preisfestlegung ist kein zeitaufwändiger Prozess mehr, sondern gleicht den dynamischen Wechselkursen von Währungen, **Currencies**.

Durch hochwertigen Content, die Einbindung von Kunden und Anwendern in Co-Creation, die Nutzung aller Channels und dynamische Preisoptimierung als Currency, steigen die Kundenzufriedenheit, Ihr Umsatz und Ihr Gewinn. Sie binden Ihre Kunden emotional wie in einer **Community**.

Der gesamte Einmalaufwand für die Digitalisierung Ihres Marketing-Mix beträgt meist < 2% vom Umsatz, die laufenden Kosten bei den beispielhaft genannten Lösungen in Summe < 0,5% vom Umsatz. Die Kostensenkungen bzw. Margenverbesserungen belaufen sich erfahrungsgemäß auf 3-5% vom Umsatz.

Der Schneeballeffekt

Ist ein Kunde nach dem Kauf zufrieden und fühlt sich in seiner Entscheidung bestätigt, soll er Anderen davon berichten. So soll nicht nur dieser Kunde wiederkehren, sondern auch weitere Interessenten aufmerksam werden. Früher hieß dies Mund-zu-Mund-Propaganda, heute passiert dies in der digitalen **Community** im Internet. Die Meinung Dritter beeinflusst Kaufentscheidungen viel mehr als vom Verkäufer gesteuerte Werbebotschaften. Auch wenn Sie die Meinung Dritter nicht wie Eigenwerbung direkt steuern können, wird sie von Ihrem Verhalten während der Customer Journey beeinflusst und kann später in gewissem Rahmen von Ihnen orchestriert werden.

Oft tauschen Kunden sich in sozialen Medien oder in Bewertungsportalen aus. Hier können Sie manuell kaum alles bearbeiten. Solche quantitativen Bewertungen können durch Algorithmen automatisch ausgewertet werden. Selbst Textinhalte können auf bestimmte Stichworte überprüft und so auch qualitative Aussagen erfasst werden. Dies ist die Nutzung qualitativer Big Data.

Im einfachsten Fall binden Sie Ihre Kunden in einem eigenen Club, in dem Sie ergänzende Informationen bereitstellen und in dem sich Ihre Kunden auch untereinander austauschen. Auch wenn es offene Möglichkeiten hierzu auf Ihrer Homepage gibt, vereinfacht es Ihre Arbeit. Sehen Sie sich regelmäßig Kundenkommentare an, bedanken Sie sich und nehmen Sie durch Kritiken geäußerte Verbesserungsmöglichkeiten auf.

Tipps:

- Bieten Sie hochwertigen Content, entwickeln Sie Innovationen in Co-Creation, bedienen Sie alle kundenrelevanten Channels und kalkulieren Sie Preise wie Currencies in Realzeit, binden Sie Ihre Kunden in einer Community.
- Beachten Sie den Schneeballeffekt bei digitaler Kommunikation zwischen bestehenden Kunden und Anwendern sowie Interessenten und kommentieren Sie deren Kommunikation.
- Binden Sie Ihre Kunden in einer eigenen Community, um ihre Kommunikation einfacher orchestrieren zu können.

5. Mit Innovationen profitabel wachsen

Marketing bedeutet, das Unternehmen am Markt auszurichten. Dafür müssen Sie Kundenbedürfnisse erkennen und befriedigen. Hierfür verteilen Sie Produkte, Dienstleistungen und Informationen über die passenden Kanäle. Die Preise müssen den vom Kunden wahrgenommen Preis rechtfertigen. Ihr kurzfristiger wirtschaftlicher Erfolg entsteht durch die Differenz von Preis und Kosten. Ihr langfristiger wirtschaftlicher Erfolg entsteht durch Abgrenzung vom Wettbewerb mit innovativen Produkten und ergänzenden Services.

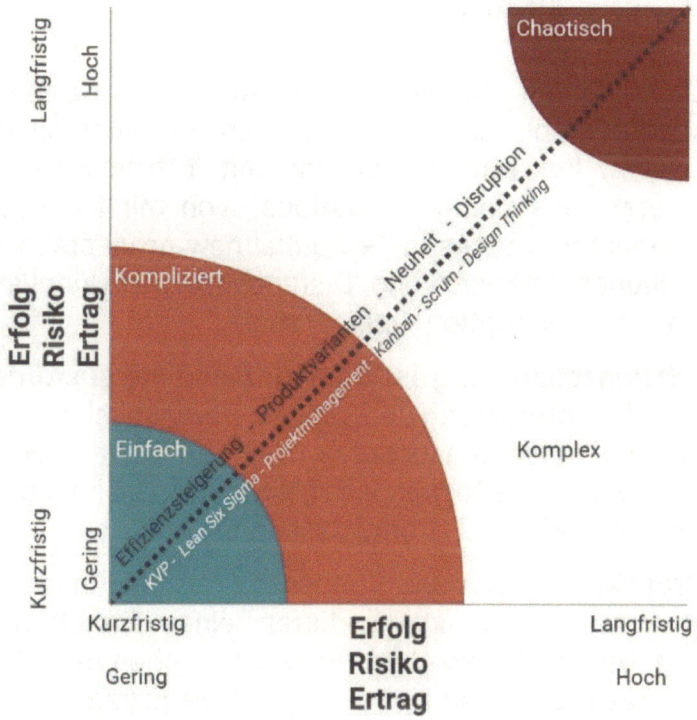

Abb. 14: Modifizierte Stacey Matrix mit 4 Innovationsarten

Abbildung 14 zeigt eine modifizierte Stacey Matrix aus Kapitel 4.2.4, mit einfachen, komplizierten und komplexen Herausforderungen sowie den geeigneten Lösungsansätzen:

Die Achsen sind nun anders beschriftet. Der Bereich links unten, in dem nach Stacey die Anforderungen und die Vorgehensweise bekannt sind, ist ebenso der Bereich mit kurzfristigen Erfolgen bei geringem Risiko, aber mit geringen Ertragsaussichten. Der Bereich rechts oben, in dem nach Stacey die Anforderungen ebenso unklar sind wie die Vorgehensweise, bietet erst langfristig Erfolg bei hohem Risiko, aber mit hohen Ertragsaussichten.

Vier Innovationsarten

Oberhalb der Diagonalen stehen die Innovationsarten nach Professor Clayton Christensen. Er unterscheidet in "Efficiency Innovations", von mir mit "Effizienzsteigerung" übersetzt, "Sustaining Innovations", von mir frei mit "Produktvarianten" übersetzt, "Potential new products", von mir mit "Neuheit" übersetzt und "Disruptive/Growth innovations", von mir mit "Disruption" übersetzt.

Effizienzsteigerung ist eine einfache Herausforderung, bei der die Anforderung und Vorgehensweise mit Kontinuierlichem Verbesserungsprozess (KVP) oder Lean Six Sigma vorab klar sind. **Es locken kurzfristige Erfolge bei geringem Risiko** mit geringen Ertragsaussichten.

Produktvarianten wie kundenspezifische Anpassungen sind komplizierter und bedürfen eines Projektmanagements. Die Erfolge solcher Projekte brauchen mehr Zeit als Effizienzsteigerungen und bieten höhere Ertragsaussichten bei höherem Risiko des Scheiterns.

Eine echte **Neuheit** zu entwickeln ist mit klassischem Projektmanagement schwierig. Agile Ansätze wie Scrum und Design Thinking machen mit kurzen Feedbackschleifen das hohe Risiko beherrschbar. Für hochkomplexe Herausforderung wie eine revolutionäre Innovation bzw. **Disruption** sind agile Methoden unabdingbar. **Es locken langfristig hohe Erträge.**

Wachstumsstrategien und der Marketing-Mix

Marketing besteht aus einem Marketing-Mix. Bei knappen Ressourcen lässt sich zu vielen Hilfsmitteln wie dem Produktlebenszyklus, der Marktwachstum-Marktattraktivitäts-Matrix oder der Customer Journey der richtige Schwerpunkt im Marketing-Mix finden.

Abbildung 15: Wachstumsstrategien und der Marketing-Mix

Auch die nach dem namensgebenden Professor benannte Ansoff-Matrix für Wachstumsstrategien zeigt in Abbildung 15 den geeigneten Schwerpunkt im Marketing-Mix. Ansoff unterscheidet die vier wesentlichen Wachstumsstrategien, ob die Produkte und die Märkte bereits bekannt oder neu sind:

Für die Entwicklung **neuer Produkte oder ergänzender Services für bekannte Märkte** liegt der Schwerpunkt im Marketing-Mix offensichtlich auf Co-Creation. Für die Entwicklung **neuer Märkte mit bekannten Produkten** liegt der Schwerpunkt im Marketing-Mix auf Channels, um die Kanäle zu neuen Kunden zu erschließen. Die Diversifikation, **mit neuen Produkten neue Märkte** zu erschließen, beinhaltet das höchste Risiko. Der besondere Nutzen der neuen Produkte wird in den neuen Märkten mit Content besonders betont, um Aufmerksamkeit zu erregen. Bei der Marktpenetration **mit bekannten Produkten in bekannten Märkten** ist der Fokus auf Currency, möglichst individuell angepassten Preisen, um den Kauf zu erleichtern.

Wachstum durch Innovationen und den richtigen Marketing-Mix

Die Abbildungen 14 und 15 mit den Ergebnissen der Professoren Stacey, Christensen und Ansoff sowie dem Marketing-Mix übereinander gelegt ergeben die Abbildung 16.

Rechts oben ist der Bereich des Wachstums durch Diversifikation, mit hohem Risiko. Sie befinden sich vielleicht im Bereich links unten, in dem Herausforderungen einfach zu lösen sind, es schnelle Erfolge durch kontinuierliche Effizienzsteigerung gibt und im Marketing-Mix Currency, der stets optimale Preis im Fokus steht.

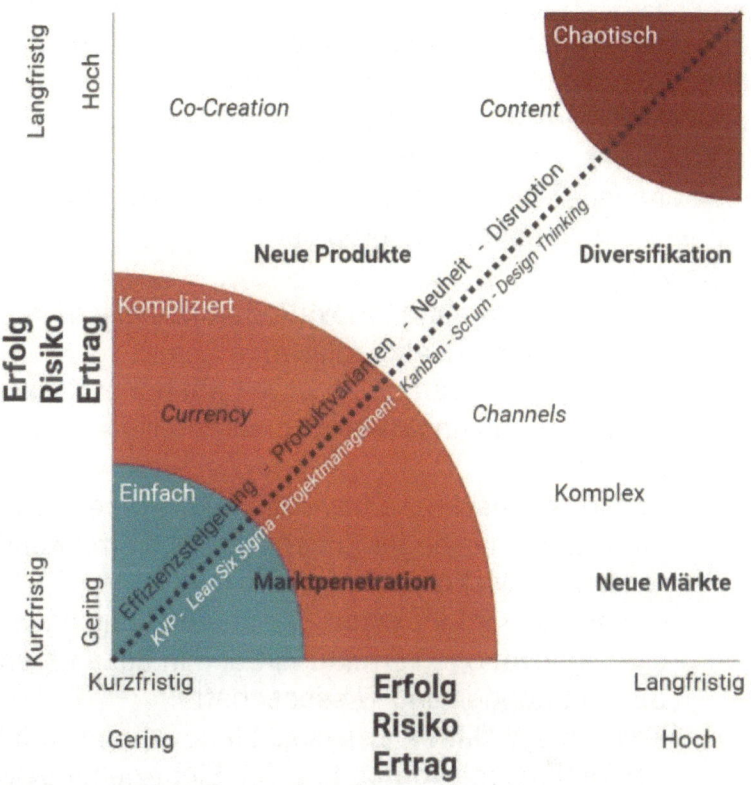

Abbildung 16: Wachstumsstrategien, Marketing-Mix und Innovationsarten in der Stacey Matrix

Durchbrechen Sie diesen Teufelskreis. **Gehen Sie komplizierte und komplexe Herausforderungen an.** Entwickeln Sie neue, innovative Produkte und ergänzende Services. Erschließen Sie neue Märkte, um dem ständigen Kostendruck zu entkommen und sich **langfristig hohe Erträge** zu sichern. Nutzen Sie **agile Ansätze**, um in kurzen Feedbackschleifen das **Risiko noch besser zu beherrschen**.

Die Innovationsfähigkeit deutscher Unternehmen

Die Bertelsmann-Stiftung und IW Consult haben im Oktober eine Studie über "die Innovationsfähigkeit deutscher Unternehmen" veröffentlicht. Dazu hat IW Consult rund 1.000 Unternehmen zu ihren Innovationstätigkeiten befragt und diese anschließend in sieben typische "Milieus" mit zunehmendem Innovationsfokus gruppiert:

- **Bewahren**
  - **Unternehmen ohne Innovationsfokus**: Sie betrachten Innovationen als irrelevant erachtet.
  - **Zufälliger Innovator**: Entwickelt mit hoher Risikobereitschaft und unstrukturiert nur zufällig erfolgreiche Innovationen.
  - **Passiver Umsetzer**: Entwickelt kundenspezifische Innovationen in enger Zusammenarbeit mit Kunden.
- **Forschen / Entwickeln / Erneuern**
  - **Konservativer Innovator**: Eigene Abteilung entwickelt Innovationen strukturiert und in Zusammenarbeit mit Kunden und Wissenschaft.
  - **Technologieführer**: Entwickelt Innovationen mit hoher Technologiekompetenz, mit Einbeziehung des gesamten Unternehmens und mit starker externer Vernetzung.
- **Kooperieren / Öffnen / Neuland erschließen**
  - **Kooperativer Innovator**: Entwickelt Innovationen "organisch" mit Einbeziehung des gesamten Unternehmens, ohne explizite Entwicklungsabteilung und mit schwacher Vernetzung mit der Wissenschaft.
  - **Disruptiver Innovator**: Entwickelt Innovationen systematisch mit Einbeziehung des gesamten Unternehmens und mit starker externer Vernetzung.

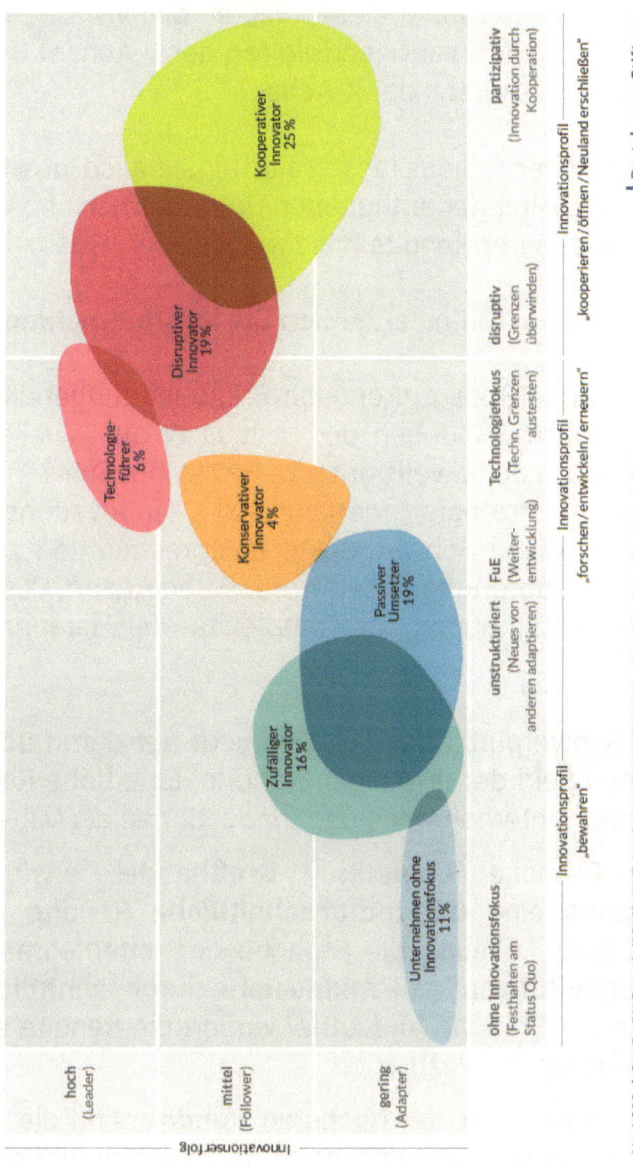

Abbildung 17: Sieben innovative Milieus in Deutschland (Quelle: Bertelsmann Stiftung)

Abbildung 17 stellt diese sieben Milieus dar mit ihrer Größe, ihrem Innovationserfolg (an der Y-Achse) und ihrem Innovationsprofil (an der X-Achse).

Diese sieben Milieus lassen sich hinsichtlich ihrer Branche, Größe und Alter der enthaltenen Unternehmen und vor allem hinsichtlich ihrer Rendite beschreiben.

In welchem Milieu erkennen Sie Ihr Unternehmen?

Abbildung 18 zeigt drei nach Branchen aufgeteilte Tabellen mit Beschreibungen der Milieus in der jeweils oberen Hälfte und in der jeweils unteren Hälfte ihre Schwerpunkte in Wachstumsstrategie, Marketing-Mix, Innovationsart und Methode. Diese Schwerpunkte entsprechen den zuvor entwickelten Zuordnungen der Professoren Ansoff, Clayton und Stacey mit zunehmender Komplexität der Herausforderungen.

Der Schwerpunkt der Tabellen liegt auf dem farblich hinterlegten Feld der jeweiligen Rendite. Eine hohe Rendite ist Ziel jedes Unternehmens und Innovationen ein Mittel dazu.

Die Branche "**Logistik / Großhandel**" erwirtschaftet höchstens eine **unterdurchschnittliche Rendite** (im Vergleich aller Milieus), die Branche der unternehmensnaher "**Dienstleistungen**" eine **mindestens durchschnittliche Rendite**. In der Branche "Industrie" variiert die Rendite stark mit dem jeweiligen Milieu.

Die Milieus mit der **höchsten Rendite** sind die **mit dem höchsten Innovationserfolg**: die Technologieführer und Disruptoren als innovative Leader.

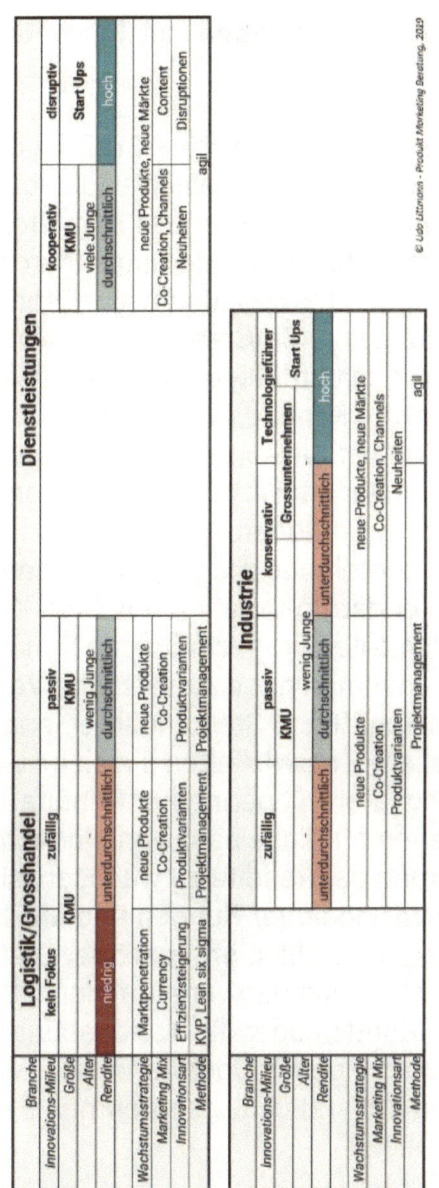

Abbildung 18: Beschreibung der 7 innovativen Milieus mit Ansätzen zum Wachstum

Wie kann Ihr Unternehmen mit Innovationen profitabel wachsen?

1. Ein Unternehmen in "**Logistik / Großhandel**" ohne Innovationsfokus verbessert seine Rendite durch zumindest zufällige Innovationen. Es muss dem Preisdruck statt durch interne Effizienzsteigerungen durch **mehr Risikobereitschaft** und Entwicklung neuer Produkte und Dienstleistungen in Co-Creation mit Kunden begegnen.
2. Unternehmen mit **zufälligen** Innovationen in der **Industrie** steigern ihre Rendite durch verstärkte **Co-Creation** mit ihren Kunden. Die externe Vernetzung steigert die Erfolgsquote der entwickelten Innovationen bei gleichbleibenden Investitionen.
3. **Industrie**unternehmen mit **passivem** Innovationsfokus arbeiten in enger Co-Creation mit ihren Kunden und erwirtschaften eine durchschnittliche Rendite. Würden diese Unternehmen nur in zusätzliche Vernetzung mit der Wissenschaft und Stärkung ihrer Innovationskompetenz investieren, entwickelten sie sich zu einem konservativen Innovator mit geringerer Rendite.
Möglichkeiten für diese passiven Innovatoren, ohne Verschlechterung der Rendite zu wachsen, sind zunächst die **Erschließung neuer Kunden und Märkte** sowie die Entwicklung profitabler, **ergänzender Dienstleistungen**. Solche Dienstleistungen vereinfachen z.B. die Schnittstellen mit Kunden oder die Handhabung der Produkte. Sie können im eigenen Unternehmen oder durch externe Vernetzung mit anderen Unternehmen z.B. in Plattformen entstehen.

4. Unternehmen mit **konservativem** Innovationsfokus in der "**Industrie**" verfügen über **hohe Innovationskompetenz**, aber keine starken Vernetzungen oder Partnerschaften mit anderen Unternehmen und über keine ausgeprägte Innovationskultur im gesamten Unternehmen. Diese Faktoren sind Ansatzpunkte, um Umsatz und Rendite zu steigern, ebenso wie die Einführung agiler Ansätze, um Risiken zu beherrschen und die Effektivität der Innovationstätigkeiten zu erhöhen. Die Einbeziehung des gesamten Unternehmens durch eine **Innovationskultur** sowie eine stärkere Vernetzung steigern offensichtlich das im Unternehmen vorhandene Potential und führen zu weiterem profitablem Wachstum.

5. Die höchste Rendite in der "**Industrie**" haben die **Technologieführer**, mehrheitlich Start Ups oder Großunternehmen. Diese zeichnen sich ebenfalls aus durch hohe Innovationskompetenz und **starke interne und externe Vernetzung**.

- Bei den Unternehmen der unternehmensnahen "**Dienstleistungen**" haben diejenigen die höchste Rendite, die mit hohem Risiko auf revolutionäre bzw. disruptive Innovationen setzen. Sie verfügen über **hohe Innovationskompetenz** sowie ausgeprägte interne und externe **Vernetzung** und beherrschen das hohe Risiko mit agilen Ansätzen in kurzen Feedbackschleifen vom Markt.

Diese fünf Schritte in Abbildung 19 sind im 10-Punkte-Programm für sicheres Wachstum enthalten. Die Schritte 1 bis 3 sind beim Fundament stärken in Content, Co-Creation und Channels enthalten (Kapitel 3.2 bis 3.4). Die Schritte 4 und 5 sind beim digitalen Aufbau ebenfalls in Content, Co-Creation und Channels enthalten (Kapitel 4.1 bis 4.3).

Abbildung 19: In 5 Schritten vom fehlenden Innovationsfokus zum Technologieführer wachsen

"Probleme kann man niemals mit der selben Denkweise lösen, durch die sie entstanden sind." (Albert Einstein)

Steigern des Umsatzes oder der Rendite durch "mehr vom Selben" ist kaum möglich. **Hohe interne Innovationskompetenz**, das Einbeziehen des gesamten Unternehmens durch eine ausgeprägte **Innovationskultur** sowie **externe Vernetzung** und Zusammenarbeit zeichnen die **Unternehmen mit höchster Rendite** aus.

Tipps:

1. Entwickeln Sie Risikobereitschaft, neue Produkte und Dienstleistungen auf Basis von Business Cases.
2. Beziehen Sie Kunden in die gemeinsame Entwicklung (Co-Creation) ein.
3. Erschließen Sie neue Märkte (Regionen oder Anwendungen) und entwickeln Sie ergänzende Dienstleistungen.
4. Stärken Sie Ihre Innovationskompetenz, z.B. durch Zusammenarbeit in wissenschaftlichen Netzwerken.
5. Entwickeln Sie eine Innovationskultur, z.B. durch Einführung eines Enterprise Social Networks (ESN) sowie Vernetzung und Kooperationen mit anderen Unternehmen.

(diese Seite ist absichtlich fast leer geblieben)

Glossar

Begriff	Übersetzung	Erläuterung
4P	Marketing Mix, klassisch	Promotion, Product, Place, Price
5C	Marketing Mix, modern	Content, Co-Creation, Channels, Currency, Community
ABC-Analyse		Kunden oder Produkte nach Größe sortieren und in 3 Gruppen enteilen
Action	Aktion	Teil der AIDA: mit der Kaufaktion wird der Interessent zum Kunden
AIDA		Attention, Interest, Desire, Action: beschreibt einen Kaufentscheidungsprozess
Attention	Aufmerksamkeit	Teil der AIDA: zunächst muss man die Aufmerksamtkeit potentieller Kunden erregen
BCG Matrix		Marktattraktivität-Marktwachstum-Matrix der Unternehmensberatung Boston Consulting Group
Business Case	Wirtschaftlichkeitsanalyse	Gegenüberstelung von Entwicklungsaufwand und möglichen Erträgen
Business Model Canvas	Geschäftsmodelldarstellung	Darstellung des Geschäftsmodells, vom Kundenbedürfnis zu den benötigten Ressourcen
Channels	Kanäle	Waren und Informationen müssen in allen Kanälen präsent sein
Co-Creation	Gemeinsame Entwicklung	Innovationsprozess mit externen Partnern

Begriff	Übersetzung	Erläuterung
Community	Gemeinschaft	Zusammenschluss der Kunden zwecks Kundenbindung
Confirmation	Bestätigung	Das hohe C der AIDA
Content	Inhalte	Inhalte müssen einladen zum Kommentieren und Teilen im Internet (statt zentral verteilter Werbebotschaften)
Currency	Währung	Preise werden individuell und zeitlich so dynamisch angepasst wie Währungswechselkurse
Customer Experience (CX)	Kauferfahrung	Das Gefühl, das beim Kunden nach einem Kauf bleibt
Customer Journey (CJ)	Kaufentscheidungsprozess	Ein typischer Entscheidungsprozess von Käufern
Customer Relationship Management (CRM)	Kundenbeziehungsmanagement	In einem CRM System werden zentral alle Informationen und Dokumente zu einem Kundenkontakt, Geschäftsanbahnung und Geschäftsabwicklung erfasst.
Design Thinking	Gestalt denken	Für erfolgreiche Innovationen müssen Sie zuerst wissen, welche Kunden Sie bedienen möchten und welche Bedürfnisse diese haben.
Desire	Bedürfnis	Teil der AIDA: Erkennen und ansprechen des Kundenbedürfnisses
eCommerce		Handel im Internet
Electronic Data Interchange (EDI)	Elektronischer Datenaustausch	
Enterprise Social Network (ESN)		Soziales Netzwerk innerhalb einer Firma

Begriff	Übersetzung	Erläuterung
Interest	Interesse	Teil der AIDA: Interesse wecken durch ein Nutzenangebot
Lead	Kontakt	z.B. nur eine Visitenkarte oder Mailadresse eines Interessenten
Lean Start-Up		ein einfaches Experiment in einer Schleife aus Lernen, Bauen und Messen.
McKinsey Matrix		Marktattraktivität-Marktwachstum-Matrix der Unternehmensberatung McKinsey
Minimum Viable Product (MVP)	erstes Funktionsmuster	Einfachste Simulierung des Kundenutzen z.B. durch bildhafte Beschreibung
Persona		ausführliches Profil eines realen oder idealen Kunden, mit Aktivitäten, Interessen und Nöten
Preisdurchsetzung		Analyse, ob geplante Preisveränderungen auch durchgesetzt worden sind
Product Data Management (PDM)	Produktdatenmanagement	Zentrale Datenspeicherung von Produktinformationen
Product Information Management (PIM)	Produktinformationsmanagement	Vereinfacht ergänzende Produktinformationen vor allem für Vertriebs- und Marketingzwecke
Product Lifecycle Management (PLM)	Produktlebenszyklusmanagement	Zentrale Handhabung aller Produktdaten über den Produktlebenszyklus, von der Erfassung von Kundenbedürfnissen über die zentrale Speicherung und dokumentierte Änderung von Produktdaten bis zur Planung der Abkündigung

Begriff	Übersetzung	Erläuterung
Produktlebens-zyklus		Ein neues Produkt durchläuft von der Markteinführung bis zur Abkündigung typische Phasen
Proof of Concept (PoC)	Machbarkeitsbe-leg	Beleg, daß eine Realisierung technisch machbar ist
responsive De-sign		Automatische Anpassung der eigenen Homepage bei Darstelung auf mobilen End-geräten
Sales Funnel, Sa-les Pipeline	Vertrebstrichter	proaktiv Kontakte zu erarbei-ten und sie zu einer Zusam-menarbeit zu qualifizieren
Scrum		ein agiles Rahmenwerk, viel-leicht das Bekannteste
Search Engine Advertising (SEA)	Suchmaschinen-werbung	Werbung in Suchmaschinen
Search Engine Optimization (SEO)	Suchmaschinen-optimierung	Optimierung von Webseiten für hohe, besser sichtbare Platzierungen in Suchma-schinen
Social Media	Soziales Netz-werk	Plattformen zur Interaktion von Menschen im Internet
Secure Sockets Layer (SSL)		verschlüsselte Datenübertra-gung
SWOT		Strenghts, Weaknesses, Op-portunities, Threats: Analyse interner Stärken und Schwä-chen sowie externer Chan-cen und Risiken
Touchpoints	Kontaktpunkte	Schnittstellen zwischen Ver-käufer und angehendem Kunden während des Kauf-prozesses

Zeitfracht Medien GmbH
Ferdinand-Jühlke-Straße 7
99095 Erfurt, Deutschland
produktsicherheit@kolibri360.de